토기장이

"우리는 진흙이요 주는 토기장이시니
우리는 다 주의 손으로 지으신 것이라"(이사야 64:8)

청년아, 부딪쳐야 열린다

청년아, 부딪쳐야 열린다

정승환 지음

도서출판 토기장이

추천의 글 1

청년아, 더 이상 도망치지 마라

나는 좋은 목회자를 양성하기 위해 만든 '향림설교대회'를 통해 이 책의 저자인 정승환 목사를 처음 만났다. 그는 이 대회에서 대상을 수상하고 우리 만나교회의 청년예배 설교자로 초청되어 왔었다. 그런데 당시 청년이었던 그가, 어느덧 이 세대 청년들을 향한 뜨거운 열정을 가진 목회자가 되어 사역하는 모습을 보니 가슴이 뭉클하다.

"청년아, 부딪쳐야 열린다!"

책 제목처럼 그는 문제를 만날 때마다, 그리고 '꼭 이렇게까지 해야 하나'라는 생각이 들 때마다 사명을 향한 뜨거움으로 '돌파'해 나갔다. 나는 정 목사의 삶과 목회가 이 책을 읽는 청년들에게 도전이 되고 삶의 모범이 될 것이라고 확신한다.

이 책을 통해 수많은 젊은이들이 현실의 높은 벽과 불확실한 미래에 겁을 먹고 더 이상 도망가지 않았으면 좋겠다. 그리고 그 이유가 하나님 때문이었으면 좋겠다. 자신의 삶을 주님께 맡기고 하나님의 뜻을 이루기 위해 살아가는 젊은이들이 점점 늘어가기를 소망한다. 그들이 이 땅에 소망을 주는 밑거름이 되기를 간절히 원하며 이 책을 추천한다.

_ **김병삼 목사** 만나교회 담임

'믿음의 원리'를 따르라

이 책 「청년아, 부딪쳐야 열린다」를 읽으면서 얼마나 가슴이 뜨거워졌는지 모른다. 저자인 정승환 목사는 하나님을 생각하고 하나님의 사람들을 생각하면 가슴이 뜨거워지는 열정적인 사역자임이 분명하다. 나아가 이 시대 청년들에게 하나님의 꿈을 심어 주고픈 소망으로 가득 찬 목사임이 분명하다. 그래서 이 책 속에는 청년에 대한 그의 비전과 열정이 넘친다.

나는 이 책이, 차가운 도시 문명 안에 식어 버린 우리의 영혼을 뜨거운 열정으로 되살아나게 할 것임을 확신한다. 저자의 외침대로 이 시대의 청년들이, 적응력이 아닌 돌파력을 갖게 되기를 간절히 바란다. 돌파의 심장으로 하나님이 주신 비전을 이루게 되기를 소망한다. 즉, '상황의 논리'가 아니라 '믿음의 원리'를 따르기를 바란다.

이 책의 소중한 메시지들은 독자들의 영혼에 세상과 정면 승부할 수 있는 돌파력을 더해 줄 것이다. 나는 그것을 믿기에 이 책을 기쁘게 추천한다.

_ **이상준 목사** 온누리교회 양재 담당

서문

깨지고 아플지라도 정면 돌파하라!

나는 '돌파'라는 말과 전혀 어울리지 않는 무척 소심한 사람이었다. 그런데 어느 날 기도하던 중에 '돌파'에 관한 비전을 받았다. 이후 나는 주저하고 회피하는 사람에서 부딪치고 직면하는 사람으로 점차 변화되어갔다. 또한 하나님은 내게 '돌파'는 청년의 언어라고 깨우쳐 주셨다.

나는 '돌파의 비전을 전함으로써 하나님의 청년들을 세우자'는 각오로 이 책을 집필하기 시작했다. 동시대를 살아가는 청년들과 함께 '돌파의 영성'을 공유하고 싶었다. 그런데 책을 집필하기로 마음먹고 달려가 보니 부딪치고 깨지고 넘어지는 등 포기하고 싶은 순간이 얼마나 많았는지 모른다. 그때마다 나는 하나님 나라를 구하며 끊임없이 정면 돌파해 나갔다. 그러다 보니 어느 순간부터 내 연약함과 상황보다 크신 하나님을 만나게 되었다.

내가 돌파의 메시지를 청년들과 공유하고 싶은 이유는 단 한 가지다. '돌파진행형의 삶'은 청년들을 향한 하나님의 부르심이기 때문이다. 이 시대의 청년들은 깨지고 아플지라도 돌파를 시도해야 한다. 언제까지 회피하고 도망갈 것인가? 그러기에는 인생이 너무 짧다. 청년이여, 어렵고 힘든 일이 있더라도 돌파를 위해 부딪쳐라. 부딪치면 열린다. 하나님은 우리가 힘겨워서 감당하지 못했던 문제들을 돌파하길 원하신다. 돌파로 하나님의 비전을 성취하길 원하신다.

청년이여, 그대에게는 하나님이 명령하신 '가야 할 곳'과 '이루어야 할 사명'이 있다. 이제 더 이상 과거에 연연하지도, 현실에 안주하지도, 미래를 두려워하지도 말라. 당신 안에는 놀라운 하나님의 비전이 심겨져 있다. 하나님은 그 부르심을 따라 돌파하려는 자에게 힘이 되어 주실 것이다.

이제 하나님의 역사를 기대하며 '돌파진행형 삶'을 살아가라!

정 승 환

추천의 글 1·2
서문

PART 1 거침없는 청춘의 언어, 돌파를 배우라

1. 한번 부딪쳐 보겠는가 _ 13
2. 걱정 대신 주님을 품으라 _ 21
3. 나만 힘든 것이 아니다 _ 31
4. 혼자라도 상관없다 _ 41
5. 영적 자존심을 지켜라 _ 49
6. 간절함이 해답이다 _ 57

PART 2 돌파의 기본기로 무장하라

7. 포기할 수 없는 하나님의 꿈을 새겨라 _ 67
8. 확신으로 무장하라 _ 75
9. 그대에게 부어진 사랑을 아는가 _ 85
10. 광야에서 새롭게 태어나라 _ 97
11. 목숨 걸고 돌이켜라 _ 107
12. 기다림은 멈춤이 아니다 _ 115
13. 믿음의 발걸음을 따라가라 _ 123
14. 거룩한 투자자가 되라 _ 131

| 차례 |
CONTENTS

PART 3 모든 상황을 돌파로 지배하라

15. 기도로 돌파에 불을 붙여라 _ 141
16. 패배의 기억을 지배하라 _ 149
17. 위로부터 오는 능력으로 나아가라 _ 157
18. 믿음의 눈으로 바라보라 _ 165
19. 비교하지 말고 사명을 붙잡아라 _ 173
20. 항상 인생의 마지막을 생각하라 _ 181
21. 더듬거리며 나아가도 괜찮다 _ 189

PART 4 돌파, 사명을 향한 돌파구가 되다

22. 뿌리 깊은 나무가 오래간다 _ 199
23. 낮아지는 자가 살아남는다 _ 207
24. 오히려 이용당하라 _ 215
25. 실패, 아무것도 아니다 _ 223
26. '오버'하면 역사가 일어난다 _ 231
27. 성장하는 만큼 돌파한다 _ 239
28. 모든 것이 은혜이다 _ 247

PART **01**
거침없는 청춘의 언어,
돌파를 배우라

1. 한번 부딪쳐 보겠는가

"오늘부터 매주 수요일마다 출애굽기를 살펴보겠습니다."

당시만 해도 나는 이 말이 내 삶을 이토록 뒤흔들어 놓을지 알지 못했다. 사실 나는 '돌파'와 전혀 어울리지 않는 사람이었다. 가다가 막히면 부딪치기보다는 돌아가거나 회피하는 방법을 택하는 사람이었다. 그런데 이런 내가 출애굽기를 통해 부인할 수 없는 한 가지 사실을 발견했다. 그것은 믿음의 사람들은 모두 '돌파하는 사람'이라는 사실이었다.

출애굽기를 통해 만난 믿음의 사람은 모세였다. 그가 태어났을 때, 이스라엘은 단지 한 민족이었을 뿐, 주권도 영토도 없는 애굽의 노예 상태였다. 반면 대제국으로 발돋움하는 애굽은, 노예들이 어설픈 반란을 일으켜 이길 수 있는 상대가 아니었다. 모세는 바로 이런 상황 속에서 태어났다.

모세는 '돌파'라는 단어를 떠올리기도 힘든 상황에서 "이스라엘 백성을 약속의 땅으로 이끌라"는 하나님의 명령을 받았다. 물론 처음에는 못한다고 했다. 정상적인 반응이었다. 그러나 하나님의 명령에 모세가 선택할 수 있는 길은 단 하나뿐이었다. 즉, 부딪쳐 보는 것이었다. 결국 모세는 애굽을 향해 길을 나섰다.

그때 내 머릿속에 한 가지 그림이 그려졌다. 하나님이 주신 사명을 성취하기 위해 거대한 벽과 맞서 싸우는 모세의 모습이었다. 이어서 온몸이 벽에 부딪쳐 부서지고 후회하는 모세의 모습이 그려졌다. 그러나 성경의 결과는 전혀 달랐다. 그는 벽을 부수고 돌파했다. 그것은 모세의 능력이 아니었다. 하나님의 능력이었다.

그런데 우리는 부딪치기보다 피해 가려고 했던 적이 얼마나 많았는가? 미리 안될 거라 단정짓고 정면 승부하기를 미룬 적이 얼마나 많았는가? 일단 부딪치면 하나님이 역사하신다. 하나님의 역사를 보기 원한다면 일단 부딪쳐야 한다. 부딪치면 돌파가 일어난다.

출애굽기를 계속 설교하면서 '돌파'라는 단어가 내 마음에 새겨졌다. 당시 나는 목사 안수를 받고 얼마 되지 않았을 때였다. 그때만 해도 난 모세처럼 하나님의 백성을 이끌고 돌파하는 목회자가 되겠다고 막연하게 생각하고 있었다. 그러나 거기서 끝나지 않았다. 하나님은 나를 점점 더 몰아가셨다.

출애굽기 이후에도 성경을 읽을 때마다 '돌파'라는 주제가 자꾸 눈에 띄었다. 돌파는 모세에게만 국한된 것이 아니었다. 하나님께 사명 받은 자들은 어김없이 돌파의 과정을 거쳤다. 즉, 돌파력은 특별한 사람만이 아닌 하나님의 사람이라면 반드시 갖추어야 할 능력이었다.

모세 앞에 애굽이 있었다면 여호수아 앞에는 가나안 족속들이, 다윗 앞에는 사울 왕이 있었다. 믿음의 사람들은 눈에 보이는 상대뿐만 아니라 시대의 불신앙과 우상들을 돌파해야만 했다. 예수님의 제자들도 마찬가지였다. 그들은 모든 족속을 제자 삼으라는 주님의 명령을 수행하기 위해 로마와 유대인들의 지속적인 박해를 돌파해야만 했다.

일반적으로 어떠한 일을 계획할 때 우리는 그 일이 가능할지 불가능할지에 대해 고민한다. 그리고 불가능할 것 같으면 자연스럽게 포기한다. 포기하는 이유는 상황에 맞게 붙이면 그만이다.

그렇다면 가능과 불가능을 나누는 기준은 무엇인가? 바로 나 자신이다. 내가 자신이 없으면 포기한다. 내가 피해 입을 것 같으면 포기한다. 그러나 하나님의 백성들은 달랐다. 그들에게 가능과 불가능을 나누는 기준은 '하나님이 명하신 일인가?'였다. 그들은 하나님이 명하신 일이라면, 하나님의 영광을 위해서라면 물불 가리지 않고 부딪쳤다. 그러면 그때 하나님의 능력이 나타났다.

이 사실을 확인한 뒤, 나는 하나님의 사람으로 살기를 결단한 이상 돌파는 피할 수 없는 것임을 직감했다. 부딪치기 싫어하는 사람은 하나님의 사람으로 살 수 없음이 자명했다.

어느 새벽에 기도할 때였다. 나는 한 교회의 청년예배 설교 의뢰를 받고 이 시대를 사는 믿음의 청년들에게 전할 말씀을 달라고 기도하고 있었다. 그러던 중 하나님께서 한 장면을 떠오르게 하셨다. 어딘가에서 한 단어가 날아와 빨간 벽돌을 두 동강 내는 장면이었다. 그 단어는 바로 '돌파'였다. 그때 나는 돌파야말로 목회를 시작하는 나뿐만 아니라 이 시대 청년들에게 꼭 필요한 하나님의 메시지임을 알았다.

주변의 청년들에게 "어떻게 앞날을 준비하느냐"고 물으면 대부분 한숨부터 쉰다. 그 이유는 굳이 말하지 않아도 알 것이다. 미래가 보이지 않는 여정을 떠나는 발걸음이 어찌 답답하지 않겠는가? 세상은 사명은 무슨 사명이냐, 비전은 무슨 얼어 죽을 비전이냐, 너 먹고살 걱정이나 하라고 겁을 준다.

그러나 이와 같은 답답함과 두려움에도 돌파를 포기해서는 안된다. 하나님이 살아 계시지 않는가? 그분이 우리를 통해 일하기를 원하시지 않는가? 그러니 일단 부딪쳐라. 자신의 삶을 주님께 맡기고 그분의 뜻을 이루기 위해 달려들어라. 하나님은 돌파하려는 자들의 하나님이 되어 주신다. 돌파하려는 자들에게 힘을 주신다.

내가 처음 전도사 사역을 할 때였다. 아이들은 설교만 끝나면 달려와 "전도사님, 설교 좀 짧게 해주세요"라고 했다. 누가 들으면 내가 한 시간씩 설교한 줄 알겠지만 나는 10분도 채우지 않았었다. 나는 그렇게 첫 어린이 사역을 마치면서 '다시는 어린이 사역을 하지 말자'고 다짐했다.

그런데 2년 뒤, 한 교회에서 주일학교 부흥회 인도를 해달라고 부탁했다. 나는 생각해 볼 것도 없었다. 10분만 설교해도 지루하다고 난리 치는 아이들을 대상으로 어떻게 다시 설교할 수 있겠는가? 하지만 단번에 거절하기가 죄송해서 기도해 보겠다고 했다. 솔직하게 말하면 기도는 거절을 위한 하나의 구실이었다.

그날 밤 철야 기도회가 있었지만, 나는 그와 관련해서는 기도할 마음이 없었다. 그런데 기도 중에 '한번 부딪쳐라도 봐야 되지 않겠나' 하는 생각이 계속 떠올랐다. 경험상 이런 경우는 하나님이 주시는 부담감이었기에 고민이 되었다.

난 선택해야만 했다. 부딪칠 것인가 아니면 마음속의 모든 소리를 잠재우고 거절할 것인가? 인간적인 마음은 계속해서 "No"를 외쳤지만, 내 안에 계신 성령님은 내게 강권하셨다. 결국 나는 한 번 부딪쳤던 벽에 다시 부딪쳐 보기로 결심했다. 또다시 깨지는 한이 있더라도 부딪치는 것이 나의 사명임을 깨달았기 때문이다.

사역을 하면서 따로 주일학교 부흥회 준비를 하는 것이 쉽지만은 않았다. 기도에 기도를 거듭했고, 집에서 설교를 시연해보기도 했다. 드디어 그날이 왔다. 두려움 반, 기대 반으로 시작된 설교는 10분을 넘어가고 있었다. 참 놀라운 일이었다. 누구 하나 지루해 하지 않았다. 그렇게 설교는 한 시간 가까이 이어졌다. 놀랍게도 함께 기도할 때는 아이들이 통성으로 기도하기 시작했다. 저마다 하나님께 눈물로 죄를 회개하며 예수님을 믿기로 결단했다. 집회가 끝나고 예배당을 빠져 나가는데 한 아이가 나를 붙잡고 울면서 말했다.

"전도사님, 감사해요."

도대체 무슨 일이 일어난 걸까? 내가 한 일은 하나밖에 없었다. 피할 수 없어서 부딪쳐 본 것, 그것이 다였다. 나머지는 전부 하나님이 하셨다. 하나님은 그곳에 구원할 영혼들을 예비하셨고 친히 임재하시고 역사하셨다.

나는 이 집회가 계기가 되어 그 뒤 7년간 어린이들을 비롯하여 청소년들, 청년들에게 전국을 누비며 말씀을 전했다. 부딪치자 순식간에 벽이 무너졌고, 무너진 벽 뒤로 새로운 길이 열렸다.

하나님은 모세와 여호수아, 다윗, 사도들만이 아니라 이 시대를 사는 모든 믿음의 사람들에게 물으신다.

"한번 부딪쳐 보겠는가?"

당신은 하나님의 부르심에 어떻게 응답하겠는가? 하나님은 우리가 돌파하기를 원하신다. 아니, 일단 부딪쳐 보기를 원하신다. 하나님은 돌파하는 자에게 힘이 되어 주실 것이다. 당신도 한번 부딪쳐 보겠는가?

2. 걱정 대신 주님을 품으라

　요즘 청년들을 '3포 세대'라고 부른다. 이것은 지속되는 불황으로 청년들이 연애와 결혼과 출산, 이 세 가지를 포기하는 양상을 보며 세상이 붙인 닉네임이다. 나는 이 신문 기사를 보고 마음이 무척 아팠다. 부인할 수 없는 현실이었기 때문이다.
　지난 세대보다 인구는 많아졌지만 취업자는 줄었다. 덕분에 한 사람이 감당해야 할 짐은 늘었다. 아무리 노력해도 여전히 미래는 불안하다. 입시 전쟁에서 탈출하면 세상의 자유를 만끽할 줄 알았는데, 나와 보니 어두운 그림자만 가득하다. 다리에 찼던 모래주머니를 내려놓으니 등에 쌀 한 가마니를 지어 주며 다시 출발하라는 격이다. 청년들을 상담하면서 더 안타까운 것은, 지금의 이 문제들이 하루 아침에 풀릴 문제가 아니라는 점이었다.

세상은 스펙을 쌓아 자신만의 경쟁력을 가져야 살아남을 수 있다고 한다. 그렇지 않으면 먹고살지도 못할 것이라고 겁을 준다. 그래서 청년들은 무언가를 도전하기도 전에 생존에 위협을 느끼고, 또 그럴수록 안정적인 자리를 마련하려고 애쓰게 된다. 그러다 보니 희망하는 회사도 대략 정해져 있다. 그들은 수많은 지원자들 중 택함을 받아야 하는 무한경쟁을 해야 한다. 물론 자신만의 길을 가는 청년도 있지만 실패할 경우 그가 치러야 할 대가는 혹독하다. 대학은 청춘의 낭만과 학문의 즐거움을 누리는 장이 아닌 취업 준비 학원이 되어버렸다. 먹고살 걱정에 연애도 부담스러워 한다.

이 시대가 청년들을 점점 벼랑 끝으로 몰아가고 있다. 인생을 포기하고 싶다는 청년들도 만나는데 저마다 딱한 사정이 있었다. 인생은 그들에게 버겁기만 할 뿐이었다.

이 시대의 청년들을 도대체 어떻게 도와야 할까? 처음에는 내가 할 수 있는 일이 그저 같이 아파하는 것, 힘이 되어 주는 것이 전부인 것 같았다. 그러다가 시편을 묵상하며 한숨 짓는 청춘들의 시선을 하나님께로 돌리게 하는 일이 바로 내가 할 일임을 깨달았다.

눈앞의 현실을 걱정하느라 하나님을 잊고 살진 않는가? 하나님은 그저 위로만 해주시는 분이 아니다. 그분은 광야에 길을 내시는 분이다. 믿음의 자녀들이 수많은 걱정거리 앞에서 해야 할 일이 무엇인가? 바로 주님을 바라보는 일이다. 시편은 다윗의 삶이 얼마나 굴곡 많은 인생이었는지를 여실히 보여준다. 그러나 다윗은 자신 앞에 놓여진 수많은 인생의 장애물들을 바라보며 걱정만 하지 않았다.

"내가 찬송 받으실 여호와께 아뢰리니 내 원수들에게서 구원을 얻으리로다"시 18:3.

다윗은 주님을 바라보았다. 그것이 다윗을 위대한 신앙인으로 만든 힘이었다. 살아 계신 하나님을 바라보기 시작했을 때, 그는 자신의 인생을 포기할 수 없는 분명한 이유를 발견했다. 그에게는 하나님이 주신 꿈이 있었다. 기름 부음 받은 자를 향한 하나님의 비전이 있었다. 그리고 이 일을 이루실 하나님이 계셨다. 이 사실이 바로 수많은 어려움 속에서도 다윗이 인생을 포기할 수 없는 이유였다. 언제나 함께 하시는 하나님을 알고 있는 한, 포기는 성도의 언어가 아님을 다윗은 알고 있었다.

먹고살 걱정 때문에 모든 것을 포기하고 싶은가? 하지만 다윗이 품었던 한 가지 사실 때문에라도 결코 포기하지 말라. 무엇보다 이런저런 걱정에 눌려 하나님이 주신 사명과 비전을 포기하지 말라. 하나님의 사람에게 사명을 포기한다는 것은 곧 인생을 포기하는 것을 의미하기 때문이다. 사명이 있는 사람은 끝까지 간다. 하나님이 그를 붙드시고 길을 내시기 때문이다. 그러므로 하나님의 꿈이 있는 자는 언제나 포기보다 돌파를 먼저 생각해야 한다.

하나님의 사람에게 가장 중요한 것은 무엇인가? 삶의 목적은 무엇인가? 그것은 하나님이 맡겨 주신 사명이다. 성경에 등장하는 믿음의 사람들이 모든 것을 포기하고서라도 지키고자 했던 것이 바로 사명이었다. 온 삶을 다해 사명을 이룬 자들은 죽음을 두려워하지 않았다.

안타깝게도 지금은 그 반대 상황이 되어 가고 있다. 이제는 현실 앞에 하나님이 주신 꿈과 사명을 내려놓는 것을 당연하게 여기는 시대가 되었다. 하나님이 주신 사명이 최우선순위가 아닌 여유가 있으면 할 수도 있는 일이 되어버렸다. 신앙은 자신을 꾸미는 장식품들 중 하나가 되어버렸다. 살아 계신 하나님을 만난 사람이라면 그럴 수 없다. 아니, 그래서는 안 된다.

당신에게는 하나님이 주신 꿈이 있는가? 하나님의 영광을 보고자 하는 꿈이 있는가? 하나님을 향해 기도하면 가슴 뜨거워지는 꿈이 있는가? 하나님의 영광을 보고 싶은 사명의 현장이 있는가? 그런데 어쩌면 좋은가? 세상은 지금 그 꿈을 실현하기는 커녕 밥은 먹고살 수 있을지조차 불투명하다고 겁을 주고 있다. 하나님의 꿈이고 뭐고 다 포기하고, 간신히 입에 풀칠하며 사는 것으로 만족하라고 유혹하고 있다. 이럴 때일수록 우리는 모든 위협과 유혹 속에서 고개를 들어야 한다. 주님을 바라봐야 한다. 그것이 인생의 결론이고 해답이 되어야 한다.

사탄은 먹고사는 문제에 사람들을 얽매어 놓고 아무것도 하지 못하게 만든다. 이 시대 청년들이 먹고사는 염려에 붙잡혀, 그 두려움에 사로잡혀, 세상을 향해 그 어떤 믿음의 날개짓도 못하게 만드는 것이다. 그런데 이것이 오늘날 청년들에게만 일어나는 상황인가? 아니다. 예수님이 이 땅에 오셨을 때도 수많은 사람들이 세상 사는 걱정에 사로잡혀 그분을 따르지 못했다. 예수님은 그들을 향해 이렇게 말씀하셨다.

"공중의 새를 보라 심지도 않고 거두지도 않고 창고에 모아들이지도 아니하되 너희 하늘 아버지께서 기르시나니 너희는 이것들보다 귀하지 아니하냐 너희 중에 누가 염려함으로 그 키를 한 자라도 더할 수 있겠느냐 또 너희가 어찌 의복을 위하여 염려하느냐 들의 백합화가 어떻게 자라는가 생각하여 보라 수고도 아니하고 길쌈도 아니하느니라 그러나 내가 너희에게 말하노니 솔로몬의 모든 영광으로도 입은 것이 이 꽃 하나만 같지 못하였느니라 오늘 있다가 내일 아궁이에 던져지는 들풀도 하나님이 이렇게 입히시거든 하물며 너희일까보냐 믿음이 작은 자들아"마 6:26-30.

언젠가 딸과 함께 월드컵공원에 간 적이 있다. 그곳에서 나는 어릴 적 내가 달려가려고 자세만 잡아도 도망가기 바빴던 비둘기가 내 앞을 유유히 걸어가는 모습을 보았다. 온갖 두려움과 염려를 조장하는 시대 속에서 믿음으로 살아가고자 하는 사람들은 거리의 뚱뚱한 비둘기들을 보며 묵상할 필요가 있다. 비둘기는 다이어트 전도사가 필요해 보일 정도로 잘 먹고 산다. 우리가 하나님에게 비둘기보다 못한 존재는 아니지 않는가? 하물며 우리는 주께 충성하는 주의 백성이 아닌가? 예수님은 온갖 염려로 해야 할 일을 하지 못하는 사람들에게 이렇게 말씀하신다.

"이는 다 이방인들이 구하는 것이라 너희 하늘 아버지께서 이 모든 것이 너희에게 있어야 할 줄을 아시느니라 그런즉 너희는 먼저 그의 나라와 그의 의를 구하라 그리하면 이 모든 것을 너희에게 더하시리라"마 6:32-33.

이 시대를 살아가기 위해서 우리는 영적 분별력을 가져야 한다. 그래야 세상 앞에 주눅 들지 않고 하나님의 비전을 향해 나아갈 수 있다. 사탄은 우리를 끊임없이 위협한다. 그러나 그럴수록 우리는 시대의 악한 영을 분별하고 대항해야 한다. 믿음의 백성들이 붙잡아야 하는 약속의 말씀이 무엇인가? 바로 하나님의 나라와 그의 의를 구하면 모든 것을 더하시리라는 예수님의 약속이다.

하나님의 영광을 경험하기 전에 그리스도인이 반드시 넘어야 할 산은 세상에 대한 염려와 근심이다. 이 시대가 조장하는 염려와 근심에 쌓여 믿음으로 돌파해보고자 하는 의욕마저 상실했다면, 이는 심각한 영적 위기 상황이다. 세상은 우리에게 근심 말고는 주는 것이 없다. 그런데 놀랍게도 우리는 세상이 주는 그 근심에 반응한다. 반면 우리를 살리기 위해 십자가를 지신 예수님의 말씀은 능력과 생명과 소망을 줌에도 불구하고 굳게 붙잡지 못한다.

말씀을 알고 있는 것은 중요하지 않다. 말씀을 마음속에 붙잡고 기도하는 것과 그 말씀을 붙들고 사는 것이 중요하다. 우리는 하나님의 말씀을 향한 불신앙을 회개하고, 주님이 주시는 믿음을 구해야 한다. 약속의 말씀을 믿고 하나님께 헌신하라.

'밥이나 제대로 먹고 살 수 있을까'라는 걱정 속에 청년의 때를 낭비한다면 후회만 남을 것이다. 믿음의 백성들은 앞날에 대한 두려움이 몰려올수록 이 땅에서 하나님이 주신 사명을 감당하기 위한 준비를 해야 한다. 인생 가운데 하나님의 영광을 보기 원한다면, 사명을 감당하기 위해 온 시간을 드려야 한다. 하나님의 사람은 세상을 두려워하기보다 하나님의 사명, 하나님의 꿈을 온전히 이루지 못할까 봐 두려워해야 한다. 그러한 사람은 하나님이 책임지신다. 하나님은 모든 일에 완벽한 공급자가 되어주실 것이다.

시대마다 사탄의 역사는 다양한 모습으로 나타났다. 이 시대를 살고 있는 우리에게는 미래에 대한 불안과 염려 등을 심어줌으로써 사명보다 생존에 급급하도록 만들고 있다. "먹고사는 문제부터 해결하고 하나님의 일을 하겠습니다"라고 고백하는 청년들이 많다. 그러나 그들은 알지 못한다. 먹고사는 문제는 평생을 가도 해결하기 쉽지 않다는 것을 말이다. 그런 말은 하나님의 일을 하지 않겠다는 말과 다름없다. 오히려 하나님의 영광을 위해 세상의 유혹과 염려와 두려움에 맞서 부딪쳐라. 기적의 역사를 맛보게 될 것이다.

예수님께서 물고기 두 마리와 떡 다섯 개로 오천 명을 먹이신 기적의 역사를 진정으로 믿는가? 기적의 현장에 참여했던 사람들은 세상 염려와 근심으로 예수님을 포기한 사람들이 아니었다. 예수님의 말씀을 듣고자 각처에서 달려온 사람들이었다.

예수님은 제자들과 함께 배를 타고 외딴 곳을 찾아 떠나가셨다. 조금이라도 쉬시기 위함이었다. 그때 배에 오른 분이 예수님임을 알아본 사람들은 예수님을 향해 빠르게 달려갔다. 그러고는 배보다 먼저 도착지로 가서 예수님을 기다렸다. 그들은 예수님의 가르침에 날이 저무는 것도 모르고 집중했다. 배고픈 것도 잊고 예수님께 집중했다. 그들을 향한 예수님의 마음은 어떠했는가?

"불쌍히 여기사" 막 6:34.

예수님은 자신에게 집중한 자들, 자신을 찾아와 간절히 의지하는 자들을 그냥 돌려보내지 않으셨다. 우리가 알고 있는 대로 그때 예수님은 '거하게 쏘셨다'. 이는 다가올 하나님 나라의 풍성함을 알려 주는 대목이다. 뿐만 아니라 예수님을 의지하는 자들은 돌봄을 받는다는 것을 알려 준다.

우리가 주님을 위하여 삶을 드리고 집중하는데 어떻게 주님이 우리를 외면하시겠는가? 예수님은 자신을 목자로 모시고 따르는 자들을 향해 긍휼을 베푸신다. 선한 목자이신 예수님이 우리 안에 살아 숨 쉬고 계신다. 이 땅에서도 우리의 필요를 채우신다.

"밥이나 먹고 살 수 있을까?"라고 걱정하지 말라. 오히려 사명을 위해 주실 축복들을 개인의 영광을 위해 쓰거나 자랑하는 데 사용하진 않을까 염려하고 두려워하라. 우리의 마음이 높아져서 하나님께 간절히 기도하던 때를 잊고 타락하진 않을까 걱정하라. 그것은 하나님이 기뻐하시는 걱정이다.

청년의 시기는 원래 불안한 것이 많다. 아무것도 정해진 것이 없기 때문이다. 그러나 하나님의 약속을 굳게 붙잡으라. 그 약속을 의지하여 하나님께 쓰임 받기를 간구하라. 자신을 주님께 드리기를 힘쓰라. 이를 통해 세상이 주는 위협을 돌파하고 하나님이 주신 비전을 성취하라. 걱정 말고 주님께 자신을 던지라. 하나님이 이루신다.

3. 나만 힘든 것이 아니다

서울대 김난도 교수가 쓴 「아프니까 청춘이다」가 초대형 베스트셀러가 되었다. "아프니까 청춘이다"라는 위로가 치열한 경쟁 사회 속에 살아가는 청년들의 마음에 깊은 공감을 일으켰기 때문이다. "그동안 힘들었지? 다시 힘내서 잘 해보자"라는 격려는 이 시대를 살아가는 많은 청년들에게 힘을 주었다.

이 시대 청년들은 그들만의 아픔을 지니고 있다. 그러나 그 누구도 그들의 아픔을 보듬어 주거나 공감해 주지 않았다. 그런데 김난도 교수는 책을 통해 그들의 아픔을 보듬어 주었다. 이에 청년들은 자신들이 겪고 있는 아픔을 알아 주는 이가 있다는 사실에 감격했고, 책을 구매함으로써 그를 향한 열렬한 환호를 나타냈다. 이처럼 청년들의 아픔을 위로해준 것은 아주 잘한 일이다. 그러나 여기서 명심해야 할 것이 있다. 우리의 삶 가운데

힐링과 치유는 반드시 필요하지만, 그 자체에 중독 되어서는 안 되는 것이다.

부모님은 내가 어떤 일을 하다가 도중에 포기하거나 실패할 때, 언제나 나를 위로하고 격려해 주셨다. 그것은 내가 다시 일어날 수 있는 큰 힘이 되었다. 그러나 어느 순간부터 그것은 독이 되어 내 한계를 넘지 못하게 만들었다. 포기하고 실패해도 누군가는 나를 위로해 주고, 격려해 줄 것이기에 한계를 뚫고 돌파하는 힘이 길러지지 않았던 것이다. 물론 돌파하기 위해서는 위로와 치유도 필요하다. 그러나 동시에 앞으로 전진하게 하는 자극도 필요하다.

그런데 왜 기성세대들은 지금까지 청년들의 아픔에 그토록 무관심했던 것일까? 왜 그들이 아프다는 사실을 눈치 채지 못했던 것일까? 현재의 할아버지 세대의 청년기를 생각해 보자. 만약 타임머신을 타고 그때로 돌아간다면, 과연 누가 그곳에 남아 있고 싶어 할지 의문이다. 아마도 대부분 고개를 절레절레 저으며 돌아올 것이다. 그때는 나라를 잃어버린 설움과 전쟁까지 일어났었다. 즉, 기성세대들이 오늘날 청년들의 아픔을 눈치챌 수 없었던 이유는, 그들이 훨씬 더 아픈 시대를 살았기 때문이다.

아픔에 단련된 사람에게는 현 시대의 아픔이 아픔으로 보이지 않는다. 오히려 예전보다 먹고살기 편한데 왜 힘들다고 하는

지 모르겠다고 반문한다. 그래서 힘들다는 젊은이들이 있으면 "예전에 나는…"이라는 말을 시작으로 과거 무용담을 들려준다. 그러면 젊은이들은 '또 고리타분한 소리 시작하신다', '역시 어른들은 내 마음을 모른다'고 생각한다. 나 역시 그랬다.

내가 학교 가는 것을 힘들어 할 때면, 아버지는 자신의 학창 시절 이야기를 해주셨다. 산을 넘고 강을 건너 두 시간을 걸어 학교에 다니셨단다. 처음에는 '또 옛날 이야기하신다'고 생각했는데, 언제부턴가 이야기를 듣고 나면 뭔지 모를 힘이 생겼다. 나만 힘든 줄 알았는데, 나만 아픈 줄 알았는데, 그에 비하면 내 문제들은 아무것도 아니라는 생각이 들었던 것이다. 오히려 '내가 이토록 나약했구나' 하고 반성을 하게 되었다.

거대한 아픔을 마주하는 순간, 내 아픔은 작아진다. 그리고 그때부터는 나약해지지 않는다. 더 이상 포기하지 않는다. 오히려 돌파할 수 있는 힘이 생긴다. 이렇듯 우리는 힘든 역경을 이겨 내고 승리한 사람들의 이야기를 들으며 힘을 얻는다. 한때는 불평과 불만으로 가득찼던 상황이 오히려 감사의 제목으로 변한다.

지금의 아픔이 과장된 것은 아닌가? 달콤한 위로와 격려에 중독된 것은 아닌가? 위로만이 고통을 이겨 내는 방법이 아니다. 더 큰 아픔의 시대를 바라보는 것 역시 어려움을 이겨 내고 극복하는 또 다른 방법이다. 지금보다 더 막막하고 더 불안하고 더 흔들렸던 때가 있었음을 알 때, 우리는 더 큰 돌파력을 얻을 수 있다. 63빌딩을 땅에서 올려다보면 절대로 뛰어넘지 못할 것 같다. 반면 남산에서 바라보면 마음 같아선 한 번에 뛰어넘을 수 있을 것 같다. 이렇듯 아픔을 땅에서만 바라보지 말고 높은 곳에서 바라보라.

이 땅에서 하나님의 사명을 감당하는 것은 불가능하다고 말하는 사람들이 있다. 그들은 사명을 감당하며 살아가는 것이 지나치게 고된 일이라고 말한다. 그래서 쉽게 세상과 타협하고 하나님의 비전을 포기한다. 뿐만 아니라 그렇게 말하고 다님으로써 주위 사람들에게도 부정적인 영향을 끼친다.

우리는 이러한 사람들을 어떻게 대해야 하는가? 그들에게 "정말 힘드시죠? 당신의 마음을 이해합니다. 조금 더 힘을 내면 이길 수 있습니다"라고 위로해 주어야 하는가? 물론 그것도 한 방법일 수 있다. 그러나 그런 방법으로는 믿음의 거장을 만들어 낼 수 없다. 위로받기만을 좋아하는 사람은 결코 큰 사람이 될 수 없다. 믿음의 거장들은 예수님을 향한 믿음 때문에 가족과도 이별하고 자존심도 버리고 고난을 택했다. 믿음의 거장이 되기를 원한다면 누군가의 위로에 만족하는 데 그치는 것이 아니라 이들의 이야기에 도전받아야 한다.

바울은 자신이 그리스도를 전하면서 당한 고난에 대해 다음과 같이 밝히고 있다.

"내가 수고를 넘치도록 하고 옥에 갇히기도 더 많이 하고 매도 수없이 맞고 여러 번 죽을 뻔하였으니 유대인들에게 사십에서 하나 감한 매를 다섯 번 맞았으며 세 번 태장으로 맞고 한 번 돌로 맞고 세 번 파선하고 일 주야를 깊은 바다에서 지냈으며 여러 번 여행하면서 강의 위험과 강도의 위험과 동족의 위험과 이방인의 위험과 시내의 위험과 광야의 위험과 바다의 위험과 거짓 형제 중의 위험을 당하고 또 수고하며 애쓰고 여러 번 자지 못하고 주리며 목마르고 여러 번 굶고 춥고 헐벗었노라"고후 11:23-27.

하나님의 사명을 위해 나아가다가 어려운 일을 만날 때, 바울의 삶과 내 삶을 비교해 본다면 어떤 생각이 들까? 아마도 내 앞에 있는 어려움은 동네 뒷산처럼 작게 여겨질 것이다. 나는 사명을 감당하는 일이 고되게 느껴질 때마다 믿음의 거장들의 삶을 떠올린다. 그러면 내가 당하는 고난이 아무것도 아님을 알게 된다. 아니, 오히려 정신이 번쩍 든다. "내가 나약해져 있었구나. 충분히 이겨 낼 수 있는 일인데도 주저앉아 있었구나" 하며 그동안 사탄의 속임수에 빠져 있었음을 느낀다.

나는 대학교 4학년 때부터 어린이, 청소년, 청년을 가리지 않고 부르는 곳이라면 어디든 가서 하나님의 말씀을 전했다. 부족함이 많았지만 복음을 전하는 것이 나의 사명이라 믿었기 때문이다. 나는 주님께서 역사하실 것을 기대하면서 주어진 사명에 충성하며 달려갔다.

하루는 부산으로 설교하러 가야 했다. 차를 타고 4시간을 가서 2시간 설교하고, 또다시 4시간을 운전해서 서울로 돌아오는 빡빡한 일정이었다. 여름에는 수련회가 몰려 있어서 상당히 피곤한데 그날은 더욱 그러했다. 문득 차를 타고 오면서 '왜 이렇게까지 해야 하나'라는 생각이 들었다. 그러고는 다음부터 먼 곳은 가지 않겠다고 다짐했다.

공교롭게도 그 일이 있은지 일주일 뒤, 한 목사님으로부터 우리 나라 역사 속 부흥 설교자들의 삶에 대해 들었다. 그들은 복음을 전하기 위해 긴 시간 서서 기차를 타는 것도 무릅쓰고 달려갔으며, 일주일 내내 새벽부터 저녁까지 말씀을 전한 후 다시 목회지로 돌아와서 주일예배 설교를 했다는 이야기였다. 그 이야기를 듣는 순간, 나는 편하게 차로 갔다가 한 번 설교하고 온 것을 힘들다고 한 것이 부끄럽게 느껴졌다.

더 큰 어려움을 겪으면서도 끝까지 헌신한 그들의 삶을 마주하니, 지금 내가 겪는 고됨이 아무것도 아님을 깨닫게 되었다.

이 정도 어려움은 충분히 돌파하고도 남을 만한 것이었다. 괜한 불평으로 나의 연약한 신앙만이 드러날 뿐이었다.

초대교회는 예수를 그리스도로 인정하지 않는 유대인들과 황제 숭배를 강요하는 로마의 핍박으로 극심한 고통을 당했다. 만약 초대교회 성도들이 오늘날 교회에 와서 힘들다고 토로하는 성도들을 만난다면 뭐라고 할까? 아마도 그들은 당시 그들이 받은 고난에 대해, 생명을 걸고 복음을 전한 성도들에 대해 들려줄 것이다. 나는 이렇게 고난을 이겨 낸 믿음의 사람들을 대하면, 쉬이 불평하고 불만을 터뜨리는 내 모습이 부끄러워 고개를 들지 못한다. 그저 마음속으로 다짐할 뿐이다.

'나도 그들처럼 이겨 내리라.'

우리는 초대교회 성도들에게 도전을 받는다. 그들이 경험한 엄청난 아픔에 위로를 얻고, 그 고통을 극복한 이야기에 새 힘을 얻는다. 그렇다면 초대교회 성도들은 도대체 어디서 힘을 얻는지 궁금하지 않은가? 베드로는 고난받는 초대교회 성도들에게 다음과 같은 편지를 남겼다.

"이를 위하여 너희가 부르심을 받았으니 그리스도도 너희를 위하여 고난을 받으사 너희에게 본을 끼쳐 그 자취를 따라오게 하려 하셨느니라"벧전 2:21.

예수님은 그들에게 믿음의 본이 되어 주셨다. 그들은 죄가 없으신 하나님의 아들이 십자가에 달려 돌아가신 이야기를 들으며 고난을 이겨 내고 사명을 이뤄나갈 수 있었다. 하나님의 뜻에 죽기까지 순종하셨던 예수님의 삶이 그들에게 강력한 도전이 된 것이다. 이어서 베드로는 고난에 대해 성도가 가져야 할 태도를 이렇게 전한다.

"사랑하는 자들아 너희를 연단하려고 오는 불 시험을 이상한 일 당하는 것같이 이상히 여기지 말고 오히려 너희가 그리스도의 고난에 참여하는 것으로 즐거워하라" 벧전 4:12-13.

초대교회에 흐르는 엄청난 돌파의 기운이 느껴지는가? 베드로는 주의 이름을 위해 고난도 즐거이 받으라고 강력하게 도전한다. 초대교회 성도들은 그들의 사명을 방해하는 여러 고난과 위기를 그리스도의 고난을 묵상하면서 돌파했다. 그들에게 죽음을 돌파하신 예수님의 부활은 실제였다. 우리는 더 큰 어려움을 감내하면서도 주의 사명을 굳게 붙잡았던 믿음의 조상들을 기억해야 한다. 그리고 그들처럼 고난 속에서도 세상과 타협하지 않겠다고 결단해야 한다.

주님이 주신 사명을 절대 포기하지 않겠다고 결단하라. 가장 귀한 청년의 때에 사명을 감당하기 위해 더 준비하라. 상황이 어렵다는 핑계로 사명을 포기하기엔 그리스도께서 우리를 위해 흘리신 피가 너무나도 귀하다.

4. 혼자라도 상관없다

　당신은 하나님의 비전을 함께 이루어 갈 좋은 동역자가 있는가? 우리는 성경에서 좋은 파트너십을 이뤄 하나님의 사명을 감당한 사람들을 발견할 수 있다. 모세는 입이 뻣뻣하고 혀가 둔했다. 그래서 하나님은 말 잘하는 아론을 붙여 주셨다. 예수님도 제자를 파송하실 때 둘씩 짝지어 파송하셨다. 세계적인 부흥사 무디도 찬양 인도자 생키와 함께 집회를 이끌었다. 이들 모두는 동역하며 주님의 비전을 이루어 간 사람들이다.

　그러나 누구에게나 좋은 동역자가 있는 것은 아니다. 주위에 신앙을 나눌 사람이 한 명도 없을 수 있다. 사역지에 혈혈단신 혼자 던져진 사람도 있다. 그는 개척자처럼 홀로 하나님의 꿈을 붙잡고 기도해야 한다.

　한 모임에서 어떤 자매의 간증을 들었다. 그녀는 하나님을 만난 뒤 하나님의 일을 하고 싶었지만 동역자가 없어 힘들었다. 받은 은혜를 주위 사람들과 나누었지만 반응은 냉랭했다. 오랫동안 함께 신앙생활을 한 친구들도 마찬가지였다. 그들은 연애, 성형, 옷에 대해서만 관심을 보이고 그녀가 받은 은혜에 대해서는 전혀 관심이 없었다.

나는 그녀의 이야기를 들으면서 우리 시대의 영적 상태가 이토록 어두운 것이 안타까웠고, 하나님의 꿈을 붙잡고 홀로 걸어가야 할 그녀의 짐이 무거워 보여 마음 아팠다. 나는 홀로 사명을 감당하는 사람들의 힘겨움을 누구보다 잘 안다. 나도 그러한 때가 있었기 때문이다.

불신자 가정에서 홀로 신앙생활을 하는 사람들도 있다. 선교적 사명을 가지고 직장에 들어갔는데 믿음의 동역자가 아무도 없는 사람들도 있다. 그러나 우리는 홀로 깨어 있을지라도 주눅 들 필요가 없다. 혼자가 아니기 때문이다. 하나님께 보냄 받은 사람들의 특권이 있는데, 그것은 '하나님이 함께하신다'는 것이다. 우리는 그것을 믿고 열심히 훈련받고 사명을 감당하면 된다.

물론 동역자 없이 홀로 사역하면 눈앞에 보이는 벽이 더 높게 보일 수 있다. 혼자 모든 것을 이겨 내야 하기 때문이다. 그러나 걱정하지 말라. 조금 더 어려울 뿐이지 감당하지 못할 어려움은 아니다. 하나님은 우리에게 감당치 못할 시험을 결코 주시지 않는다. 쉬운성경 번역으로 보면, 다음 말씀이 더 은혜롭게 다가온다.

"누구나 겪는 시험 이외에 여러분에게 닥칠 시험은 없습니다. 하나님은 신실한 분이셔서 여러분이 감당할 수 있는 능력 이상의 시험을 당하도록 내버려 두지 않으십니다. 그리고 여러분이 시험을 당할 때에 시험을 견디고 거기서 빠져 나올 수 있는 길을 주십니다." 고전 10:13, 아가페 쉬운성경.

질그릇처럼 보여도 우리 안에는 그리스도가 함께하신다. 그분은 모든 것을 가능케 하시고, 그분을 의지하는 자에게 반드시 은혜를 베푸신다. 관건은 우리가 돌파하고자 하는 의지가 있는가이다.

'혼자라도 상관없다. 한번 부딪쳐 보자.'

만약 이 마음이 우리에게 있다면 하나님은 뒷짐 지고 계시지만은 않을 것이다. 그분은 우리의 능력이 되시고 환란 날에 피할 길을 주시며 우리로 하여금 승리의 노래를 부르게 하시는 분이다.

예레미야는 이스라엘 백성을 향해 심판을 선포하는 사명을 받았다. 그들이 하나님의 말씀을 떠났기 때문이다. 그는 철저하게 홀로 사명을 감당해 나가며 백성들이 회개하고 회복되기를 바랐지만 상황은 점점 더 악화되었다. 그는 자신의 상황을 다음과 같이 말한다.

"내가 조롱거리가 되니 사람마다 종일토록 나를 조롱하나이다 내가 말할 때마다 외치며 파멸과 멸망을 선포하므로 여호와의 말씀으로 말미암아 내가 종일토록 치욕과 모욕거리가 됨이니이다"렘 20:7-8.

예레미야는 사명을 감당하기 위해 하나님의 말씀을 전했지만 오히려 그것으로 인해 조롱거리가 되었다.

십자가를 통해 하나님의 사람을 경험하면 제일 먼저 사랑하는 사람에게 이 진리를 전하고 싶어진다. 이때 상대방의 반응은 어떠할까? 그들이 고맙다고 말할까? 아니다. 나는 반대의 경우를 더 자주 보았다. 우리는 오히려 사명 때문에 홀로 고립되는 경험을 하기도 한다.

하나님의 비전을 함께 이루어 나가는 동역자가 있으면 좀 덜하지만 혼자인 경우는 외로운 싸움을 해야 한다. 그럼에도 불구하고 포기할 수 없는 이유는 우리의 심령 가운데 주시는 뜨거움 때문이다. 하나님이 주신 꿈은 쉽게 내려놓을 수 없다. 무엇과도 타협할 수 없다. 예레미야도 사명을 포기할 수 없었다. 그 이유는 바로 하나님의 말씀이 그의 심령에 불을 질렀기 때문이다.

"내가 다시는 여호와를 선포하지 아니하며 그의 이름으로 말하지 아니하리라 하면 나의 마음이 불붙는 것 같아서 골수에 사무치니 답답해 하여 견딜 수 없나이다"렘 20:9.

기도만 하면 포기할 수 없어 다시 떠오르는 하나님의 비전, 말씀만 보면 다시 불붙는 하나님의 꿈, 어찌 이것을 내려놓을 수 있겠는가? 한 번 붙은 성령의 불은 쉽게 꺼지지 않는다. 당신이 혼자라면 더욱 하나님을 의지하고 붙들라. 예레미야도 포기하고 싶은 유혹을 받았지만 오히려 더욱 더 하나님께 나아가 자신의 믿음을 선포했다.

"그러하오나 여호와는 두려운 용사 같으시며 나와 함께하시므로 나를 박해하는 자들이 넘어지고 이기지 못할 것이오며 그들은 지혜롭게 행하지 못하므로 큰 치욕을 당하오리니 그 치욕은 길이 잊지 못할 것이니이다"렘 20:11.

예레미야는 "혼자라도 상관없다. 하나님이 용사와 같이 나와 함께하시니 하나님의 뜻은 모두 이루어질 것이다"고 고백하며 돌파해 나가기로 결단했다. 하나님이 함께하시지 않으면 주변에 아무리 많은 사람들이 있어도 홀로 있는 것이다. 반면 하나님이 함께하시면 아무도 없어도 그걸로 충분하다. 하나님이 전부가 되시기 때문이다.

하나님은 우리에게 동역자가 필요하면 보내 주실 것이다. 만약 당신이 혼자라면 '하나님께서 나를 사로잡으시길 원하시는구나, 내가 강해지길 원하시는구나'라고 생각하라. 하나님께서 믿음의 용장을 키우시는 방법 중 하나가 홀로 두시는 것이다. 그러니 불평하며 부정적인 말을 하기보다 그럴수록 더 기도하고 말씀에 집중하라. 그러는 동안 믿음은 더욱 성장하고, 하나님을 의지하는 마음 또한 더 커질 것이다. 하나님이 함께하시면 홀로 있어도 많은 일들을 감당할 수 있다.

이스라엘을 구원한 사사 에훗의 경우를 보자. 그는 혈혈단신으로 에글론 왕을 무찌르고 이스라엘 백성들을 모압의 압제에서 해방시켰다. 그는 이렇게 선포했다.

"여호와께서 너희 원수들인 모압을 너희의 손에 넘겨주셨느니라"
삿 3:28.

에훗은 여러 명이라도 할 수 없는 일을 혼자 감당해냈다. 오히려 혼자이기에 감당할 수 있는 일도 있다. 혹 주변에 함께 비전을 품고 나아갈 사람도, 그 길을 격려해 줄 사람도 없는가? 그렇더라도 두려워하지 말라. 혼자서도 할 수 있는 일을 찾고 충성하며 나아가라. 하나님께서 당신에게 열매를 허락하실 것이다.

홀로 열심히 사명을 감당하다 보면 하나님이 필요에 따라 동역자를 보내주신다. 나는 목회하면서 하나님이 시의적절하게 동역자를 붙여 주시는 경험을 많이 했다. "하나님, 함께 전도할 사람 한 명만 붙여 주세요"라고 기도하면, 하나님은 전도의 은사가 있는 동역자를 붙여 주셨다. 물론 기도 한 뒤 곧바로 동역자가 생긴 것은 아니었다. 나는 홀로 하나님만을 바라보는 시간을 통과해야 했다.

나는 크리스천이 한 명도 없는 곳에서 2년간 일한 적이 있다. 그때 나는 하나님께 믿음의 동역자를 구했다.

"하나님, 믿음의 사람을 붙여 주세요."

그런데 1년만에 나보다 높은 직급으로 한 권사님이 오셨다. 기도를 시작한지 딱 일 년 만에 일어난 일이라 더욱 감격스러웠다. 그때 나는 분명히 깨달았다. 하나님은 사람이 없어서 동역자를 안 붙여 주시는 분이 아니심을 말이다. 하나님은 우리가 혼자일 때 하나님을 의지함으로써 믿음이 자라길 원하신다. 혼자서 길을 여는 방법을 배우길 원하신다.

세상은 인맥을 제일 중요시 여긴다. 그러나 아무리 인맥이 좋더라도 하나님이 함께 하시지 않으면 형통할 수 없다. 하나님은 우리에게 동역자가 필요하면 하나님의 사람을 붙여 주시는 분이다. 그러니 혼자 사명을 감당하는 시간을 허투루 보내지 말라.

모든 일은 한 사람으로부터 시작한다. 이스라엘은 아브라함에서부터 시작되었고, 하나님의 나라는 예수님으로부터 시작되었다. 그리고 이방인 선교는 바울로부터 시작되었다. 하나님은 한 사람으로부터 큰 믿음의 민족을 이루겠다고 하셨다. 혼자라고 주눅 들지 말라. 불평하지 말라. 그럴수록 하나님을 의지하여 주신 사명을 뜨겁게 붙들라.

5. 영적 자존심을 지켜라

2012년 런던올림픽에서 우리 축구대표팀은 한일전을 승리로 이끌며 동메달을 땄다. 경기 후 승리의 주역인 기성용 선수는 다음과 같이 말했다.

"지난해 삿포로에서 3대 0으로 참패했을 때의 심정을 지금도 잊지 못하고 있습니다. 저는 그때의 아픔을 되새기며 정신무장을 하고 경기에 임했습니다. 결승골이 들어가는 순간은 제 생애 가장 행복한 시간이었습니다. 축구 종목에서 첫 올림픽 메달을 획득하는 역사적인 순간에 함께 했다는게 자랑스럽습니다."

그는 패배의 분함과 아픔을 아는 사람이었다. 그에게는 패배를 분하게 여기는 승부사 기질이 있었다. 그것이 원동력이 되어 런던올림픽에서 다시 만난 숙적 일본을 돌파한 것이었다.

한국 축구의 영원한 숙적이 일본이라면, 성도의 영원한 적은 사탄이다. 바울은 에베소서에서 우리의 적을 분명하게 밝힌다.

"우리의 씨름은 혈과 육을 상대하는 것이 아니요 통치자들과 권세들과 이 어둠의 세상 주관자들과 하늘에 있는 악의 영들을 상대함이라" 엡 6:12.

사탄은 하나님의 형상을 따라 지어진 인간을 죄 가운데 몰아넣고 하나님의 꿈을 무너뜨렸다. 그로 인해 인간은 사망과 저주 아래서 신음하며 지냈다. 그랬던 우리가 하나님의 은혜로 구원을 받아 하나님의 자녀가 되었다. 사탄의 유혹에 이끌려 에덴동산을 잃어버렸지만 그리스도의 은혜로 새 하늘과 새 땅을 바라며 살게 되었다. 이 얼마나 놀라운 역사인가.

그렇다면 이제 우리의 사명은 사탄과 싸워 이기는 것이다. 악한 영에 사로잡힌 영혼들을 주님께 인도하여 이 땅에 하나님 나라를 확장시키는 것이다. "우리는 이제 대적의 문을 취하라"는 예수님의 명령에 순종하며 나아가야 한다.

그러나 안타깝게도 마음처럼 일이 쉽게 풀리지 않을 때가 있다. 바울은 다음 말씀을 통해서 예수님을 전해도 믿지 않는 일이 왜 일어나는지 분명하게 알려 준다.

"만일 우리의 복음이 가리었으면 망하는 자들에게 가리어진 것이라 그중에 이 세상의 신이 믿지 아니하는 자들의 마음을 혼미하게 하여 그리스도의 영광의 복음의 광채가 비치지 못하게 함이니"고후 4:3-4.

우리를 방해하는 자는 바로 이 세상의 신, 곧 사탄이다. 우리는 반드시 사탄을 돌파해야 한다. 그러나 그것이 식은 죽 먹기처럼 쉬운 일이 아니다. 오히려 사탄에게 넘어지는 경우도 있다. 사탄은 성도뿐만 아니라 할 수만 있다면 영향력 있는 사역자까지도 집어 삼킨다.

하나님이 창조하신 아담과 하와도 광명의 천사같이 나타난 사탄에게 속았다. 그로 인해 하나님이 주신 놀라운 특권들을 모두 잃어버렸다. 예수님의 제자 중 유일한 지식인이었던 유다도 사탄에게 사로잡혀 예수님을 팔아넘겼다. 사탄은 초대교회의 엄청난 부흥의 역사 속에도 끼어들었다. 그때 아나니아와 삽비라는 사탄에게 마음을 내주어 성령을 속이고 땅값을 가로챘다. 이것이 교활한 사탄의 역사이다. 이스라엘의 역사는 두고 볼 것도 없다. 최고의 환경 속에 있었던 첫 사람 아담, 예수님 곁에 있었던 유다, 초대교회 부흥기를 함께했던 아나니아와 삽비라도 넘어졌다. 그렇다면 그보다 못한 상황 속에서는 어떻겠는가?

베드로는 대적 마귀가 우는 사자같이 두루 다니며 삼킬 자를 찾는다벧전 5:8고 말한다. 우는 사자를 보았는가? 나는 자녀를 데리고 동물원에 갔을 때 딱 한 번 우는 사자를 보았다. 주위를 어슬렁거리며 소리를 지르는데 얼마나 무섭던지 베드로의 비유가 생생하게 다가왔다.

사탄은 여러 모양으로 우리가 하나님의 비전을 이루는 것을 방해한다. 우리는 이러한 사탄의 승전보를 보면서 어떤 마음이 들어야 하는가? '그래, 역시 사탄은 강해. 이제 몸 사리고 조용히 숨죽이고 사는 게 내 갈 길이구나'라고 생각해야 하는가? 아니다. 정신차려야 한다.

나는 사탄으로 인한 실패의 역사들을 보면서 분노를 느껴야 한다고 믿는다. 패배의 아픔과 분함, 그리고 슬픔을 품으라. 어찌 타락한 천사에 불과한 사탄이 하나님의 일을 방해할 수 있겠는가? 예수님의 권세를 가지고 나아갈 때 우리는 당당히 승리의 깃발을 들 수 있다. 예수님은 제자들을 부르시며 그들에게 이렇게 약속하셨다.

"귀신을 내쫓는 권능도 가지게 하려 하심이러라"막 3:15.

우리가 예수님의 이름을 선포하며 마귀를 대적할 때 주님은 우리에게 승리를 주신다. 야고보도 우리에게 이렇게 권면한다.

"마귀를 대적하라 그리하면 너희를 피하리라" 약 4:7.

이렇게 놀라운 약속을 주셨음에도 불구하고 슬그머니 세상의 눈치를 보거나 사탄을 대적하지 않으면, 이는 마귀에게 틈을 주는 것이다. 우리는 예수 그리스도의 이름으로 대적할 때 사탄을 돌파할 수 있다.

경기에서 졌는데도 괜찮다고 하면 되겠는가? 아니다. 분을 내야 한다. 그래야 성장해서 승리할 수 있다. 패배와 타협하지 말라. 쓸데없는 승부에 힘을 빼지 말고 정말 필요한 영적 승부에서 승리를 거두자. 인정받지 못했다고 토라지거나 대우받지 못했다고 삐지는 연약함을 이제는 벗어버려야 한다. 오랫동안 품고 기도했던 영혼이 구원받지 못할 때, 하나님의 일이 사탄의 방해로 막혀 있을 때, 바로 그때 그리스도인의 거룩한 분노를 분출하라. 혹 사탄에게 걸려 넘어졌다면 괜찮다고 하지 말라. 영적 내공을 쌓아 다시 한판 붙으라. 공의의 분노를 품고 진검승부를 벌이라.

설교 시간은 한 영혼을 주님께로 인도하느냐 그렇지 못하느냐가 달린 중요한 시간이다. 그러나 내 모든 설교가 하나님의 영광을 드러낸 것은 아니었다. 때때로 나는 무참하게 패배하기도 했다. 그럴 때 나는 스스로에게 '그럴 수도 있지'라고 위안하다가 정신을 번뜩 차린다. 그때는 위로가 필요한 시간이 아니라 하나님이 주신 성령의 검, 말씀의 칼을 더 날카롭게 갈아야 하는 시간이기 때문이다. 나는 그 과정 가운데 하나님의 역사와 더불어 영적 성장을 경험했다. 한 번에 안될 때는 여러 번 도전하라. 말씀으로 충만하게 채우고 기도로 충분히 적셔서 도전하라.

사탄에게 패배한 뒤, 나는 말로 다 표현 할 수 없는 분노를 느낀다. 또한 주님을 의지하지 못한 것 같아서, 주님의 사역에 보탬이 되지 못한 것 같아서 주님께 죄송하다. 그러면 이후에는 주님을 더욱 의지하게 된다. 다음번에는 꼭 승리하기 위해서이다.

라이벌전에서 패배한 뒤, 싱글벙글 웃으며 "저는 그저 게임을 즐겼어요"라고 말하는 선수가 있을까? 그렇다면 그는 제정신이 아닐 것이다. 선수로서 자존심이 있다면 패배를 원통해 하는 것이 정상이다. 우리는 하나님의 대표 선수들이다. 그러니 사탄과의 영적 전쟁에서 승리하는 사람이 되자.

잃어버린 하나님의 영광을 되찾고, 사망과 저주에 갇힌 세상 가운데 주의 복음을 선포하라. 내가 머무는 곳이 주님이 영광받으시는 땅이 되길 소망하라. 혹, 사탄에게 패배하여 하나님의 일을 그르쳤다면 영적 자존심을 가지고 다시 사탄과 붙으라. 완벽한 설욕전을 펼치라. 하나님이 함께하시니 두려워 말고 예수의 이름으로 승리하라.

6. 간절함이 해답이다

언젠가 선배 목사님과 대화할 기회가 있었는데 그분은 다음과 같이 조언하셨다.

"요즘 목회자들은 방법론에 매달리지만 그것보다 더 중요한 것은 하나님의 영광을 향한 열망이야. 사명과 비전을 향한 뜨거운 열정, 목회는 바로 거기서부터 시작하는 거야. 하나님을 향한 뜨거운 심령이 빠진 방법론은 시체와 다를 바 없어. 정 목사는 세상의 방법을 추구하기 전에 먼저 하나님을 뜨겁게 만나야 해."

선배 목사님의 말을 생각할수록 은혜가 되었다. 부흥의 역사를 살펴보면, 사람들의 마음에 하나님의 마음이 부어지는 시간이 꼭 있었다. 먼저 하나님께 사로잡힌 한 사람이 세워졌고 그를 통해 수많은 사람들에게 하나님의 마음이 전해졌다.

한국 기독교 역사 속에 최권능이라는 탁월한 목회자가 있었다. 본명은 최봉석이지만 우리에겐 최권능 목사로 더 잘 알려져 있다. 그는 산간벽지와 만주 벌판에 복음을 전하며 무려 80여 곳에 교회를 세웠다. 그가 행한 전도 방법이 무엇인지 아는가? 우리가 그토록 꺼려 하는 "예수 천당"을 외치는 축호 전도였다. 그는 "예수 천당"을 외치면서 방방곡곡을 다녔다. 그 소리는 이상하리만치 호소력 짙었고, 나라 잃은 백성들의 마음에 깊이 각인되었다.

오늘날의 사람들에게는 그의 전도 방법이 분명 무식하게 보일 것이다. 당시에도 마찬가지였다. 그러나 "예수 천당"을 외치는 그의 전도 방법은 사람들에게 먹혀들었다. 그 이유는 바로 복음에 대한 그의 열정 때문이었다. 복음에 대한 그의 뜨거운 열정이 단순하고 무식해 보이는 '예수 천당'이라는 구호를 통해 하나님의 능력을 불러일으킨 것이었다.

바울은 지식인이었다. 그에게는 멋진 말로 예수님을 소개하면서 사람들을 감동시킬 수 있는 능력이 충분했다. 그러나 그의 전도는 한없이 겸손했다.

"내 말과 내 전도함이 설득력 있는 지혜의 말로 하지 아니하고 다만 성령의 나타나심과 능력으로 하여 너희 믿음이 사람의 지혜

에 있지 아니하고 다만 하나님의 능력에 있게 하려 하였노라" 고전 2:4-5

지금 바울은 공부가 필요 없다고 말하는 게 아니다. 하나님의 역사는 사람의 지혜가 아닌 하나님의 능력에 달렸음을 말하는 것이다. 우리가 아무리 많이 준비하고 공부한다 해도 가장 중요한 것은 하나님의 역사이다. 우리에게는 하나님의 크신 능력을 향한 갈망이 필요하다. 영혼을 건지시는 하나님의 일하심에 대한 갈망이 필요하다. 바로 그것이 하나님의 꿈을 이루게 한다.

사탄의 견고한 진을 파하고 하나님의 역사를 이루는 방법은 다른 것이 아니다. 바로 하나님을 향한 간절함이다. 간절함은 기도를 부르고 기도는 하나님의 지혜를 부른다. 그리고 그 지혜를 따라 순종하면 하나님의 역사가 나타난다. 아직도 "저는 성경 공부를 충분히 하지 못해서요", "저는 그들을 이끌 만한 영적 권위가 없어요"라고 변명하고 있는가? 우리에게는 부족함이 없던 때가 없었다. 언제나 돌아보면 부족한 것 투성이었다. 그러나 이 모든 부족함에도 불구하고 하나님이 보시는 것은 그분을 향한 간절함, 즉 주의 영광을 보고자 하는 간절함이다.

어릴 때 나는 좋은 대학에 진학할 수 있는 비법을 알고 싶었다. 그래서 공부가 제일 쉬웠다는 사람의 이야기부터 시작해 이런저런 수능 수기들을 많이 읽었다. 세상에서 성공한 사람들이 부러워서 그들의 성공담이 적힌 책도 많이 읽었다. 그러나 막상 내가 그들처럼 살아 보려고 노력해 보니 잘 안 되었다. 그 이유는 그들에게 있었던 공부에 대한 간절함, 성공에 대한 간절함이 내게는 없었기 때문이다. 이처럼 방법론만 붙잡는 사람은 실패한다. 방법론 이면에 숨겨져 있는 불타는 간절함을 붙잡아야 그 방법도 불이 붙게 된다.

예수님을 알게 된 뒤, 나는 세상의 성공과 출세보다 하나님의 꿈에 더 깊은 갈망이 생겼다. 한 영혼이라도 더 하나님의 복을 누리게 하고 싶었다. 무엇보다 하나님께 영광 돌리고 싶었다. 나는 목회자로서의 사명을 잘 감당하고 싶어 여러 성공 사례를 살펴보았다. 그런데 이를 통해 알게 된 사실이 하나 있다. 한계를 극복하고 돌파를 이룬 모든 사람의 숨겨진 힘은 바로 '간절함'에서 비롯되었다는 것이다.

당신에게는 하나님의 영광을 향한 간절함이 있는가? 혹 그것이 세상 사람들이 품고 있는 성공에 대한 간절함보다 약하지는 않는가? 성공을 향해 달려가는 사람들의 간절함을 보라. 자기 계발에 힘쓰는 사람들의 열심을 보라. 그들이 추구하는 것이 무엇인가? 더 많이 벌고 더 많은 이익을 남기는 것 아닌가? 그런데 그 열정이 살아 계신 하나님의 영광을 바라는 마음보다 더 간절하고 클 때가 많다.

하나님의 영광을 보고자 하는 간절함이 여기에도 못 미친다면 어찌 선한 열매를 볼 수 있겠는가? 우리에게는 한 영혼을 살리고자 하는 간절함, 하나님의 영광을 보고자 하는 간절함이 필요하다. 교회 안에서 인정받고자 하는 간절함, 인기를 얻고자 하는 간절함, 세상에서 성공하고자 하는 간절함의 반만이라도 하나님의 영광을 위한 간절함을 갖는다면, 세상에 의해 이 시대의 교회가 휘둘리지 않으리라. 우리는 이 거룩한 간절함을 장착해야 한다.

나는 사도행전을 볼 때마다 궁금한 게 하나 있다. "사도행전에 등장하는 놀라운 주의 역사가 왜 이 시대의 교회에는 보편적으로 일어나지 않느냐"이다. 그러던 중 나는 대수롭지 않게 읽어 오던 성경 말씀에서 그 해답을 찾았다.

"베드로는 옥에 갇혔고 교회는 그를 위하여 간절히 하나님께 기도하더라" 행 12:5.

초대교회는 문제가 있을 때마다 간절함으로 승부했다. 베드로가 죽음의 위기에 처했을 때, 그들이 선택한 방법은 기도였다. 어려운 상황을 돌파하고자 하는 그들의 간절함으로 인해 베드로는 옥에서 기적적으로 풀려났고, 초대교회는 엄청난 성령의 역사를 이어갔다. 오늘날의 교회와 사도행전 속 교회의 가장 큰 차이점이 바로 이 간절함이었다.

선교사 데이비드 브레이너드는 북아메리카 인디언들의 복음화를 위해 일평생을 드렸다. 신학교 시절에 나는 「데이비드 브레이너드의 생애와 일기」라는 책을 읽으며 '간절함'이라는 한 단어가 마음 깊이 각인되었다. 하나님께서 자신을 인디언 선교에 사용하시길 원하는 간절함, 인디언들의 영혼이 구원받기를 원하는 간절함, 이 땅에 하나님의 영광을 보고자 하는 간절함, 자신의 영혼이 하나님께 온전히 열납되기를 원하는 간절함…. 이 책은 온통 간절함으로 채색되어 있었다. 그의 간절함은 책 어느 곳을 펴봐도 만날 수 있었다. 이 책의 한 구절을 읽어 보자.

"오늘은 금식하며 기도하려고 하루를 작정하였다. 나 자신을 하나님 앞에 굴복시켜, 신령한 은혜 가운데 살고 싶어서였다. 특히 나의 심령에 남아 있는 모든 영적인 고통과 내면적인 비통함을 성결되게 씻어내고 싶었다. 오늘은 나의 생일이다 … 홀로 숲속을 거닐며 하루를 보냈다. 하나님 앞에 마음껏 마음을 쏟아 놓을 수 있었다. 오, 주님. 저로 하여금 장차 주님의 영광 가운데서 살 수 있게 하여 주옵소서."

간절함은 그의 삶을 관통하는 키워드였다. 그는 생일이기에 특별히 더 기도했고, 더 헌신했다. 생일이기에 헌신을 잠시 잊는 우리들과는 차원이 달랐다. 그는 이 간절함을 기도와 헌신으로 표현하여 엄청난 불신앙의 세계를 돌파했고, 인디언들을 주님께로 이끌었다. 이러한 그의 간절함은 후대의 사람들에게도 전염되어 그가 하나님을 향하여, 하나님의 꿈을 향하여, 하나님의 영광을 향하여 품었던 간절함을 동일하게 품고 기도하게 만들었다.

데이비드 브레이너드가 살았던 시기와 사도행전이 쓰여진 시기 모두 교회와 성도에게 호의적이지 않았다. 그러기 때문에 오늘날의 문제는 힘듦에 있는 것이 아니라 하나님의 영광을 향한 간절함에 있다. 그것이 핵심이다. 반면 간절함의 분량이 하늘에 닿은 시대는 흑암의 세력을 돌파하고 하나님의 영광을 보았다. 간절함의 분량이 땅에서 맴돌았던 시대는 하나님의 영광을 볼 수 없었다. 문제는 하나이다. 간절함을 지닌 돌파의 심장을 장착하는 것이다. 당신은 간절함을 갖고 있는가?

이 땅을 회복시키는 주의 도구가 되는 꿈, 하나님의 형상대로 창조된 영혼들이 회복되어 하나님을 열렬히 찬양하는 꿈, 주님을 부르고 높이고 따르는 사람들이 일어나는 꿈, 이 모든 꿈이 우리의 삶의 현장에서 실현되기를 간절히 사모하라. 당신에게 이 간절함이 있다면 결국 승리할 것이다.

PART 02

돌파의 기본기로 무장하라

7. 포기할 수 없는 하나님의 꿈을 새겨라

신약 성경을 열면 예수님보다 먼저 나오는 인물이 있다. 바로 세례 요한이다. 그에 대해 누가는 다음과 같이 설명한다.

"아기가 자라며 심령이 강하여지며 이스라엘에게 나타나는 날까지 빈 들에 있으니라"눅 1:80.

그는 광야에서 무엇을 하며 살았을까. 여자를 유혹하고 돈을 모으고 술을 마시며 흥청망청 시간을 보냈을까? 상상할 수도 없는 일이다. 그는 빈 들에서 하나님을 깊이 만났다. 자신이 감당할 사명을 위해 준비했다. 그는 그 시간이 앞으로 자신이 감당할 사명을 위해 투자해야 할 시간임을 알고 있었다.

초대교회의 위대한 전도자였던 바울도 예수님을 영접한 후

아라비아 사막으로 갔다가 다마스쿠스로 되돌아간 뒤 3년 후에야 역사에 재등장했다. 그는 3년이라는 시간 동안 예수님이 참 그리스도이신지를 구약 성경을 통해 확증하고 마음에 새기는 시간을 가졌다.

세례 요한과 사도 바울, 이 두 사람은 주어진 시간을 낭비하지 않고 사명을 위해 투자했다. 그러나 세상에는 그런 사람만 있는 것이 아니다. 자신에게 주어진 시간을 그냥 낭비하는 사람도 있다. 사사기를 보면 하나님이 모태에서부터 종으로 부르신 능력자가 한 명 나온다. 그는 바로 삼손이다. 하지만 그의 삶을 되짚어보면 참담하기 그지없다. 그는 여자 꽁무니를 따라다니며 시간을 낭비했다. 누군가는 주어진 시간을 사명을 위해 투자했고, 누군가는 그 시간을 낭비했다. 누군가는 포기하거나 타협할 수 없는 하나님의 사명을 품었기 때문이고, 누군가는 그렇지 않았기 때문이다.

세례 요한과 사도 바울이 하나님의 사명과 꿈을 품고 달려간 사람이라면, 삼손은 하나님이 주신 사명을 던지고 열심히 여자만 품은 사람이었다. 사명을 품은 자와 세상을 품은 자는 시간을 사용하는 방법이 분명 다르다.

하나님이 주신 사명을 가슴에 품고 그 사명대로 살아간 세례 요한과 사도 바울의 삶은 모든 것을 돌파하여 마침내 하나님이 주신 사명을 잘 감당했다. 반면 삼손은 여자에게 배신 당하고 블레셋 사람에게 치욕을 당했다. 물론 그도 마지막에는 사명을 감당했지만 뭔가 아쉬움을 남기는 인생이 되었다.

당신의 인생은 누구의 삶과 더 가까운가? 당신은 주어진 시간을 사명을 위해 투자하는 자인가 아니면 시간을 낭비하는 자인가? 하나님의 사명을 잘 감당하기 위해서는 낭비하는 인생이 아니라 충전하는 인생으로 전환되어야 한다.

나는 하나님을 알지 못해 시간을 낭비하며 사는 사람들을 찾아가 하나님을 전하고, 잘 먹고 잘 사는 것보다 가치 있는 삶이 있음을 알려 주고 싶다. 하나님의 꿈, 하나님의 소원을 알려 주고 싶다. 그러나 신앙을 가지고 있으면서도 무엇을 해야 할지 모른 채 시간을 낭비하고 있다면 정말 큰 일이다. 삼손과 같은 처지에 있기 때문이다. 삼손 처럼 삶에 아쉬움을 남기면 안 된다.

하나님은 우리를 통해 일하길 원하신다. 세상 가운데 영광을 받길 원하신다. 우리의 삶을 통해 하나님의 영광이 드러나길 원하신다. 영혼들이 주님께로 나아오길 원하신다. 이를 위해 하나님은 우리에게 하나님의 꿈과 사명을 주신다.

꿈을 붙들고 사명을 붙드는 자는 시간을 허투루 쓰지 않는다. 하늘의 왕이 부여해주신 사명을 감당해야 하는데 어찌 시간을 함부로 쓸 수 있겠는가. 꿈이 있는 자는 꿈을 이루기 위해 돌파의 내공을 기른다. 칼을 갈고 힘을 길러서 세상과 부딪쳐 보려고 한다.

우리는 세상이 주는 두려움과 유혹 앞에 추풍낙엽처럼 나가 떨어질 수 없다. 하나님의 꿈이 있기 때문이다. 우리가 하나님이 주신 사명과 꿈을 심장에 새기고 달려나갈 때, 세상은 우리의 돌파를 감당할 수 없을 것이다.

바울은 예수님께 접속해 하나님 나라가 완성되는 예수님의 꿈을 다운로드 받았다. 그는 이 꿈을 마음에 품고 눈앞에 있는 장애물을 돌파하며 걸어나갔다. 사도들도 마찬가지였다. 부활하신 예수님은 그들에게 하나님의 완전한 꿈을 보여주셨다.

"너희는 가서 모든 민족을 제자로 삼아 아버지와 아들과 성령의 이름으로 세례를 베풀고 내가 너희에게 분부한 모든 것을 가르쳐 지키게 하라" 마 28:19-20.

예수님이 마음에 부어 주신 이 꿈은 사도들의 마음에 불을 질렀다. 사도들은 "죄로 인해 타락한 이 세상을 복음으로 새롭게 만들자", "다가올 하나님의 나라를 준비하자"라고 외치며 유대인들의 박해와 로마 제국의 핍박에도 불구하고 그 꿈을 포기하지 않았다.

하나님은 모든 사람이 예수님을 영접하고 하나님의 복을 누리기를 원하신다. 하나님은 이 일을 위해 누군가를 이방인을 향해, 아메리카 대륙을 향해, 아시아를 향해 보내신다. 또한 학교, 회사, 병원, 가정 등 각각의 사명지로 보내신다. 또 누군가에게는 선교사로, 목사로, 회사원으로, 사업가로, 학생으로, 아버지와 어머니로 사명을 주신다.

당신의 마음속에 하나님의 꿈이 있는가? 심장에 새겨진 꿈이 있는가? 예수님께서 십자가에 피 흘리면서까지 이루시려고 했던 하나님 나라가 완성되는 꿈, 부활하신 뒤 제자들에게 마지막으로 부탁하셨던 꿈, 바로 그 꿈이 있는가? 이제 당신의 사명지로 향하라. 십자가를 붙들고 황무지 같은 곳에 꽃이 피는 기적을 경험하라. 돌파력은 바로 이러한 꿈을 꿀 때 불 일듯 일어난다.

꿈이 있다는 청년들을 만난다. 그러나 꿈 이야기를 들어 보면, 대부분 자기가 하고 싶은 일을 찾아 돈 많이 벌고 하고 싶은 거 하면서 편하게 사는 것이다. 그러나 우리를 향한 하나님의 계획은 이 세상을 넘어 영원에 이른다. 그렇다면 우리도 영원에 이르는 꿈을 꾸어야 한다. 영원한 꿈을 찾는 사람은 하나님께 매달린다. 하나님께 어떻게 쓰임 받을 수 있을지 고민하며 주님만을 붙든다. 하나님께 나아가 그 꿈을 구하라. 새벽마다 예배당에 나와 기도하라.

재능보다 중요한 것이 하나님의 은혜이다. 실력보다 중요한 것이 하나님의 능력이다. 하나님의 손에 붙들리면, 지금까지 붙잡고 있던 모든 것이 정말 아무것도 아님을 고백하게 될 것이다.

"청년에게 방황은 특권이다"라는 말이 있다. 그러나 이런 식으로 방황을 미화시키지 말라. 방황은 낭비다. 하나님은 그분의 꿈을 이룰 청년들을 찾고 계신다. 그런데 당신은 무엇 때문에 방황하고 있는가? 하나님을 모르는 사람들은 갈 길을 모르니까 헤맬 수 있다. 그러나 주님의 자녀들은 왜 방황하는가? 우리의 길은 하나님이 분명히 정해놓으셨다. 바울은 시간을 아끼라고 했다엡 5:16. 시간이 넉넉하면 굳이 아낄 필요가 있겠는가? 그러나 시간은 항상 부족하다. 아까운 시간을 무의미하게 쏟아버릴 수 없다. 사명을 붙잡고 꿈을 붙잡고 헌신하라.

바울은 다음과 같은 고백을 했다.

"내가 달려갈 길과 주 예수께 받은 사명 곧 하나님의 은혜의 복음을 증언하는 일을 마치려 함에는 나의 생명조차 조금도 귀한 것으로 여기지 아니하노라"행 20:24.

바울이 가지고 있는 돌파의 내공을 보자. 그는 하나님의 꿈을 이루기 위해서라면 목숨도 아끼지 않겠노라고 선포한다. 그가 자신의 생명을 소중히 여기지 않겠다는 말인가? 절대 아니다. 하나님의 꿈을 성취하기 위해서라면 생명까지도 바칠 수 있다고 선포하는 것이다. 하나님의 꿈이 우리에게 이와 같이 분명히 심겨질 수 있다면, 무엇이 무섭겠는가? 나는 이 말씀을 볼 때마다 바울의 고백이 나의 고백이 되기를 기도한다. 우리 모두의 고백이길 소망한다.

하나님의 꿈을 당신의 영혼에 심으라. 우리가 만나게 될 장애물은 예상보다 강할 수 있다. 그럼에도 불구하고 우리를 멈출 수 없게 하는 것은 하나님의 꿈이다. 이 꿈이 있으면 우리는 돌파할 수 있다. 몇 번이고 넘어져도 일어나 전진할 수 있다. 그 꿈이 이끄는 대로 나아가라. 전능하신 하나님을 경험하게 될 것이다.

8. 확신으로 무장하라

오늘날 두려움이 청년들을 사로잡고 있다. 최근 만난 청년들은 스스로 미래를 개척해 나가는 것이 두렵다고 말했다. 그런데 싸우기 전부터 두려움을 느낀다면 이미 지고 시작하는 것이나 마찬가지다. 반드시 승리하리라는 확신을 가지고 나아가야 싸움이 된다.

때때로 예수 그리스도를 믿는 사람들도 두려움으로부터 자유롭지 못함을 보게 된다. 그들은 자신의 사명을 감당하는 일과 하나님의 꿈을 이루는 일이 가능할지 확신하지 못한다. 이스라엘 백성들은 하나님께 가나안 땅을 약속 받았다. 그러나 그 땅을 정탐한 후, 벌벌 떨었다. 하나님의 약속을 믿지 않았기 때문이다. 그들은 그 땅에 들어갈 수 있을지, 오히려 그들의 밥이 되는 것은 아닌지 염려하며 두려워했다.

하나님은 우리가 말씀을 믿을 때, 두려움이 아닌 확신을 주신다. 확신이 있으면 담대해진다. 그러나 말씀을 믿지 않으면 눈앞에 보이는 모든 것이 다 두려움의 이유가 된다. 당신은 이 땅을 복음으로 정복해 나가길 원하는가? 그렇다면 확신의 사람이 되라. 하나님이 주신 약속의 말씀을 마음에 새기라.

하나님의 약속을 믿지 못해 두려움에 떨다 전진하지 못한 사람들이 있었다. 이들에 대한 하나님의 반응을 살펴보자.

"여호와께서 모세에게 이르시되 이 백성이 어느 때까지 나를 멸시하겠느냐 내가 그들 중에 많은 이적을 행하였으나 어느 때까지 나를 믿지 않겠느냐"민 14:11.

하나님은 긍휼을 베푸시고 오래 참으신다. 그러나 반드시 약속의 말씀을 확신하고 전진해야 하는 때가 있다. 그때가 이르면 믿음으로 전진해야 한다. 그러나 그때에도 두려워서 돌파할 엄두를 못 내는 사람이 있다. 그 이유는 무엇인가? 바로 하나님에 대한 불신앙 때문이다.

하나님에 대한 신뢰가 사라진 시대는 두려움이 왕 노릇한다. 그리스도인의 삶도 마찬가지다. 하나님을 신뢰하지 못하는 삶은 두려움이라는 열매를 맺는다. 하나님 한 분만을 두려워하라. 그러면 두려울 것이 없어진다. 그러나 하나님을 두려워하지 않으면 주변에 모든 것이 다 두렵게 느껴진다. 세상은 자기 자신을 믿으라고 한다. 그러나 사람은 바람 한 번 불면 휙 하고 날라가는 존재이다. 참된 강건함은 자신을 믿을 때 나오는 것이 아니라 하나님을 온전히 믿을 때 나온다.

하나님께 가나안 땅을 향해 진군하라는 사명을 받은 여호수아도 두려워했다. 그는 자신이 모세의 후계자로서 백성들을 약속의 땅까지 잘 인도할 수 있을지 고민이 되었다. 바로 그때 하나님께서 그에게 이렇게 말씀하셨다.

"네 평생에 너를 능히 대적할 자가 없으리니 내가 모세와 함께 있었던 것같이 너와 함께 있을 것임이니라 내가 너를 떠나지 아니하며 버리지 아니하리니 강하고 담대하라 너는 내가 그들의 조상에게 맹세하여 그들에게 주리라 한 땅을 이 백성에게 차지하게 하리라 … 내가 네게 명령한 것이 아니냐 강하고 담대하라 두려워하지 말며 놀라지 말라 네가 어디로 가든지 네 하나님 여호와가 너와 함께 하느니라 하시니라" 수 1:5-6,9.

좋으신 하나님께서 얼마나 세세하게 여호수아의 사기를 북돋아 주시는가. 당신은 "내가 모세와 함께 있었던 것같이"라는 말씀에 담긴 하나님의 마음이 느껴지는가? 이것은 여호수아에게 주시는 확신의 말씀이었고, 이 말씀은 여호수아의 믿음에 불을 붙였다. 믿음은 이처럼 하나님의 말씀을 들을 때 생긴다. 하나님의 음성이 들릴 때, 우리의 믿음은 불 일듯 일어난다.

하나님은 한 번 더 여호수아에게 이 말씀을 확신시켜 주신다.

"두려워하지 말며 놀라지 말라. 네가 어디로 가든지 내가 너와 함께 할 것이다."

이 말씀은 비단 여호수아에게만 해당되는 말씀이 아니다. 이 말씀 속에 담긴 하나님의 격려와 사랑은 모든 사명자들에게 동일하게 적용된다.

부활하신 예수님께 사명을 받은 제자들도 두려워했다. 그런 그들을 향해 예수님께서 하신 말씀이다.

"볼지어다 내가 세상 끝날까지 너희와 항상 함께 있으리라" 마 28:20.

제자들에게도 '동행하심'의 약속이 주어졌다. 두려움은 동행의 약속이 주어질 때 떠나간다.

두려울 때 이 말씀 속에 담긴 하나님의 약속을 묵상하라. 믿음의 사람들과 함께하셨던 하나님이 우리와도 함께하신다. 하나님의 약속을 붙들 때 두려움은 떠나간다. 이제는 두려움을 벗고 하나님이 함께하신다는 확신의 옷을 입을 때이다.

나는 목사 안수를 받은 후 전임 목회를 시작했다. 하지만 신학생 때 가지고 있던 자신감만으로는 감당하기 어려운 일들이 많았다. 무언가를 결정하고 추진해서 이끌어 가는 일들이 쉽지만은 않았다. 옆에서 보는 것과 직접 체험하는 영적 부담감은 생각보다 무거웠다.

그때 가장 많이 들었던 생각은 '과연 내가 목회를 끝까지 잘 감당할 수 있을까?'였다. 언젠가는 한밤중에 집에서 나와 한참을 걸어 다니며 홀로 고민하기도 했다.

'내가 잘 감당하고 있는 걸까? 앞으로 잘 감당할 수 있을까?'

당시 나는 하나님이 함께하신다는 확신보다 내 안에 있는 연약함과 부족함이 더 크게 보였고, 그럴수록 눈앞에 있는 장애물들이 더 크게 느껴졌다. 사탄은 이 모든 것을 통해 하나님을 보지 못하도록 나의 시선을 땅에 고정시켰던 것이다. 나는 그때 문득 한 가지 생각이 떠올랐다.

'나를 이곳까지 인도하신 분은 하나님이시다.'

나의 근원이 하나님께 있음을 깨닫게 되자 내가 나 자신만 바라볼 때는 가질 수 없었던 확신이 차올랐다. 나는 교회로 가서 성경을 펼쳤다. 하나님의 말씀, 성령의 검만이 나를 흑암에서 건질 수 있는 유일한 무기였기 때문이다.

나는 창세기부터 하나님이 부르신 사람들의 삶을 살폈다. 아브라함, 이삭, 야곱, 요셉, 모세, 여호수아 등 하나님께서 이들에게 주신 축복의 말씀과 약속들을 다시 살펴보았다. 그리고 이를 통해 한 가지 확신을 얻었다. 하나님의 백성이 취할 것은 두려움이 아니라 믿음으로 말미암는 승리의 확신이라는 것이었다. "주님이 나와 함께하신다"는 확신은 모든 두려움에서부터 나를 건져내는 능력이 되었다.

나에게 집중하면 두려움이 생긴다. 이제 당신의 마음을 하나님께로 돌이키라. 당신 안에 새 일을 행하실 주님을 기대하라. 그것이 세상에서 믿음으로 승리할 수 있는 비결이다. 싸우기 전부터 두려워하는 자는 절대 승리할 수 없다. 하나님의 영광을 보리라는 확신을 가지고 달려가야 수많은 장애물들과 대적의 방해로부터 승리할 수 있다.

우리 모두에게는 맡겨진 사명지가 있다. 그런데 '사명을 잘 감당할 수 있을까?'라는 회의로 자신 안에 있는 연약함을 바라보면 위축되고 만다. 그럴 때는 하나님의 말씀에 마음을 고정시키라. 그러면 확신의 사람이 된다.

한 성공학 강사를 만나 이야기를 나눌 기회가 있었다. 그는 창업을 준비하는 청년들에게 "나는 반드시 성공할 수 있다"라는 확신을 제일 먼저 심어준다고 했다. 그러나 곰곰이 따지고 보면 그런 확신은 근거가 없다. 근거 없는 자신감이다. 막연하게 성공에 대한 확신을 가지라고 주입하는 것에 지나지 않는다.

그런데 믿음의 사람들이 가지는 확신도 이처럼 근거 없는 확신인가? 아니다. 그리스도인은 근거 없는 자신감에 붙들린 사람들이 아니다. 말씀에 믿음의 근거를 두고 달려가는 사람들이다. 참된 자신감을 소유한 사람들이다. 우리가 예수님을 붙잡고 도전하는 한, 하나님은 우리를 통해 역사하시고 일하실 것을 확신한다. 우리가 복의 근원이 될 것을 확신한다. 이는 하나님의 약속이기 때문이다.

> "나는 포도나무요 너희는 가지라 그가 내 안에, 내가 그 안에 거하면 사람이 열매를 많이 맺나니 나를 떠나서는 너희가 아무것도 할 수 없음이라" 요 15:5.

우리는 두려움을 조장하는 소리에 굳건히 서기보다 말씀의 반석 위해 굳건히 서서 도전해야 한다. 예수님 안에 거하면 많은 열매를 맺는다. 예수님을 떠나서는 아무것도 할 수 없지만 예수님 안에 거하면 모든 것이 가능하다.

나는 대학교 4학년 때부터 여러 집회를 다니며 지금까지 꽤

오랫동안 설교를 해왔다. 그런데 한 영혼을 흑암에서 영광으로 건져내야 한다는 부담감을 안고 강단에 설 때마다 나는 두려웠다. 그리고 그때마다 늘 "아무도 네 설교를 듣지 않을 거야, 아무도 네가 전하는 하나님의 말씀에 응답하지 않을 거야"라는 사탄의 속삭임과 싸워야 했다. 처음에는 사탄에게 속아 자신감을 잃고 두려워했었다. 그런데 하나님은 이렇게 일하시는 분이 아님을 깨닫게 되자, 이를 물리치기 위해 기도하기 시작했다. 그리고 기도로 두려움을 이기고 담대해지는 것은 하나님의 약속의 말씀을 믿음으로 선포하는 것뿐임을 깨달았다.

하나님의 역사하심에 대한 확신, 하나님의 동행하심에 대한 확신, 모든 믿는 자를 구원하시는 복음에 대한 확신이 두려움을 이기는 능력이다. 이렇게 집회 전에 확신을 갖고 충분히 기도하고 나면, 흑암의 권세가 떠나가고 하나님의 영광의 날이 올 것임을 확신하게 된다. 싸울 준비가 된 것이다.

세상은 "스펙이 준비되지 않으면 사람 구실을 못한다", "스펙도 없고 자기만의 독특한 인생 경력도 없는 사람은 아무 짝에도 쓸모 없다"라고 말한다. 정말 그러한가? 아니다. 그것이 인생의 길을 여는 하나의 도구가 될 수 있을지는 몰라도 인생의 반석이 되지는 못한다.

하나님의 비전은 스펙과 스토리로 이루어지지 않는다. 하나님이 함께하시는 은혜로 이루어진다. 하나님이 함께하시면 우리 인생 가운데 귀한 경력과 인생의 간증이 만들어진다.

초대교회는 스펙도 없고 스토리도 없는 사람들이 모여 있었다. 그들은 변변한 직업도 투표권도 돈도 무기도 없었다. 사람들은 그들을 조롱하고 핍박했다. 그러나 그들은 복음을 훌륭하게 지켜냈다. 로마 제국을 복음으로 정복했다. 그들 안에는 주님의 생명과 사랑, 성령의 충만함이 있었다. 모든 믿는 자에게 구원을 주시는 복음이 있었다. 무엇보다 부활하신 주 예수 그리스도가 함께하신다는 확신이 있었다.

당신은 무엇을 의지하는가? 무엇을 붙들고 있는가? 당신이 하나님의 약속의 말씀을 붙들고 나아간다면 담대해질 것이다. 그러나 당신이 세상의 물줄기를 붙들고 있다면 자신감은 점점 사라질 것이다. 시대는 항상 변하기 때문이다.

살아 계신 하나님, 그분의 약속의 말씀을 붙들고 흑암의 권세를 돌파하라. 이 땅에 하나님의 영광이 다시금 불붙게 하라. 하나님께서는 우리에게 말씀을 통해 확신을 부어 주시길 원하신다. 그리고 이를 통해 우리가 확신의 사람으로 세상을 돌파하길 원하신다.

9. 그대에게 부어진 사랑을 아는가

삶의 의욕이 없는 사람을 보면 대부분 혼자이다. 삶을 쉽게 포기하는 사람도 보면 주변에 그를 사랑하는 사람들이 없다. 그들은 외로움에 떨다가 때로는 자신의 생명까지도 포기한다.

반면 많은 사람들의 기대와 사랑을 받는 사람은 삶을 포기하지 못한다. 사랑과 기대는 사람을 움직이는 힘이기 때문이다. 사람은 힘에 의해 지배당하는 것 같지만 실상은 사랑에 의해 지배당하는 존재이다. 권력과 힘이 내면까지 지배하지 못하기 때문이다. 그러나 사랑은 한 사람의 마음을 감동시키고 그의 몸과 마음, 영혼에까지 영향을 미친다. 그리고 그 사랑으로 인해 우리는 삶을 이어간다.

직장인들의 애환을 그린 웹툰, "미생"이 있다. 이 만화는 바둑기사의 길을 열심히 갔지만 프로기사가 되지 못한 주인공의 이야기로 시작한다. 주인공은 아무런 준비 없이 사회와 부딪친다. 첫 직장에서는 실패를 맛보았다. 그 후 주변의 도움으로 무역회사 인턴으로 가까스로 입사해 2년 계약직 사원이 된다. 이 만화는 주인공이 직장에서 일을 배우며 보고 느낀 점들을 보여주고 있다.

　나는 만화를 보면서 참 인상 깊은 장면이 있었다. 명절에 홀어머니가 친척들에게 아들 자랑을 하는 장면이었다. 주인공은 스스로 실패한 인생이라고 생각하며 살았다. 그는 어릴 때부터 준비해온 바둑기사의 길을 걸어가지 못했고, 여전히 사회에서 자리잡지 못한 채 있었기 때문이다. 그래서 명절 때마다 친척들은 주인공을 책망했고 어머니는 그로 인해 속상해 하셨다. 결국 그는 명절이면 친척들을 피해 거리를 돌아다니다 저녁 때가 되어야 집으로 돌아왔다. 어느 날 문을 열고 들어가려는 찰나, 어머니의 목소리가 들려왔다.

　"우리 애가 바둑할 때부터 싹수가 보였고, 이렇게 대단한 가락이 있는 줄 알아봤지. 날마다 한밤중에 들어와. 얼마나 일이 많은지…. 또 언젠가는 회사의 상사가 한밤중에 다녀와서 한참을 있다 갔어. 얘가 바둑할 때도 사람들이 그리 찾아다녔어. 어찌나 이 사람 저 사람 얘를 불러다 묻고, 생각한 것을 밝혀 보라고 부탁하는지 못 보겠더라고. 옷 입는 것도 어찌나 그럴싸한지. 원래 회사 다니던 놈처럼 태가 딱 나오더라고. 어디 그 회사가 그냥 회사냐고, 신문에서 보니까 우리나라에서 열 손가락 안에 들어가는 무역회사여."

그 말을 들으며 주인공은 들어가려던 발걸음을 멈추고 다시 거리로 나선다. 그리고 속으로 생각한다.

'잊지 말자, 나는 어머니의 자부심이다. 모자라고 부족한 자식이 아니다.'

나는 이 장면을 보면서 부족한 부분이 있을 때나 모자란 부분이 있을 때나 항상 좋은 점만 봐주시고 칭찬해 주시던 부모님이 생각나 울컥했다. 누군가의 사랑과 기대는 한 사람으로 하여금 다시 일어나게 만드는 힘을 준다. 일어나 눈앞에 있는 장애물과 부딪혀 싸울 수 있는 힘을 준다.

주인공은 누군가에게는 부족한 신입사원일 뿐이었다. 그러나 누군가에게는 자랑스러운 아들이었다. 그는 힘들고 고된 삶 속에서 자신이 정신 차리고 살아가야 할 이유를 발견했다. 그 이유는 바로 어머니의 사랑이 듬뿍 담긴 기대였다.

우리는 누구나 사랑에 갈급해 한다. 누군가 나를 사랑해주기만 한다면 내 삶을 송두리째 다 바칠 준비가 되어 있다. 그것이 참된 사랑이라면 말이다.

역사 속에서 하나님의 일을 탁월하게 감당한 사람들을 살펴보면 특징이 하나 있다. 그들은 하나님의 사랑에 깊이 감동된 사람들이었다. 하나님의 사랑은 그들이 자신의 삶을 온전히 헌신할 수 있게 한 원동력이었다.

사도 바울은 사역의 현장에서 수많은 아픔을 경험했다. 환난과 곤고가 끊이지 않았고 박해와 기근 속에 살았다. 그럼에도 불구하고 그는 모든 것을 이기고 계속해서 사명의 길을 걸어갔다. 그렇게 할 수 있었던 이유가 무엇일까?

"그러나 이 모든 일에 우리를 사랑하시는 이로 말미암아 우리가 넉넉히 이기느니라"롬 8:37.

바울에게는 숨 쉬기도 답답할 정도로 주변의 압박이 심했다. 만약 그에게 이런 압박만 있었다면, 아무것도 하지 못하고 역사 속으로 사라졌을 것이다. 그러나 그는 위대한 믿음의 사람으로 기록되었다. 그에게는 모든 압박을 돌파하며 앞으로 나아가게 만드는 힘이 있었다. 바로 하나님의 사랑이었다. 한없는 하나님의 사랑이 그로 하여금 박해와 위협 속에서도 돌파의 발걸음을 멈출 수 없게 만들었다.

바울은 자신이 계속해서 하나님의 기쁨을 위해 달려 나갈 수 있었던 이유를 다음과 같이 기록한다.

"그리스도의 사랑이 우리를 강권하시는도다"고후 5:14.

하나님과 예수 그리스도, 성령님의 사랑을 알게 되면 우리는 다른 일을 할 수 없게 된다. 그 사랑에 감동된 자는 하나님을 위해 목숨을 바치게 된다. 오직 주의 사랑에 매여 노래하고 주님을 전하게 된다. 주의 이름을 위해 세상 속에 자신을 던지게 된다. 넘어지고 부딪치고 실패해도 다시 일어나게 된다. 하나님의 사랑이 강권하시기 때문이다.

우리에게 베푸신 하나님의 사랑은 도대체 어떠한 것인가? 도대체 그 사랑이 무엇이기에 그 사랑을 맛본 사람은 도저히 다른 일을 할 수 없게 되는가? 우리는 그 사랑이 어떠한 사랑인지 알기 위해 먼 곳까지 찾아볼 필요가 없다. 예수님의 십자가를 바라보면 된다. 하나님의 사랑은 십자가를 통해 우리에게 완전히 드러났다. 십자가는 하나님의 사랑의 계시다.

"우리가 아직 죄인 되었을 때에 그리스도께서 우리를 위하여 죽으심으로 하나님께서 우리에 대한 자기의 사랑을 확증하셨느니라"롬 5:8.

당신은 확증된 하나님의 사랑을 만났는가?

태초에 모든 피조물은 하나님의 뜻에 순종함으로써 하나님의 복을 누렸다. 그러나 사람이 불순종하면서부터 고통을 경험하게 되었다. 고통스러울 줄 알면서도 하나님을 떠나는 바보가 어디 있겠는가? 아무도 없을 것이다. 하나님을 떠나면 더 좋을 줄 알고 떠나는 것이다. 물고기는 물을 떠나서 살 수 없다. 그러나 육지에 가면 새로운 기쁨이 있을 거라는 어리석은 생각을 하게 되는 것이다.

여기서 한번 생각해 보자. 사람이 하나님을 떠났을 때 누가 더 괴롭겠는가? 곰곰이 생각해보면 하나님이시다. 자녀가 집을 나가면 가장 걱정하고 마음 졸이는 이가 부모인 것처럼 말이다. 자녀를 혼인시키거나 군대에 보낸 성도들의 이야기를 들어보면 이 사실은 더욱 분명해진다. 자녀가 힘들다는 이야기를 들으면 부모의 기도가 달라진다. 그것이 부모의 마음이다.

어느 부모가 쓴 신앙 수필을 본 적이 있다. 말 안 듣고 놀러 나갔다가 감기에 걸린 아이를 돌보며 깨달은 바를 적은 글이었다. 그전에 엄마는 밖이 추우니 나가서 놀지 말라고 아이에게 분명히 경고했었다. 열이 펄펄 끓었다. 만약 부모가 아니라면 "내 말 안 듣고 놀러 나가더니 쌤통이다"라고 말할 것이다. 그러나 부모는 이렇게 말하지 않는다. "그러게 왜 엄마 말을 안 들어서 이 고생이야"라고 말하면서 약을 찾는다. 자녀가 아프면 부모도 아프다. 설령 부모 말을 안 들어서 벌어진 일이더라도 부모는 아프다. 사랑하기 때문이다. 사랑하기 때문에 약을 찾는다. 수필의 결론은 하나님의 마음도 이와 같다는 것이었다. 우리가 하나님의 말씀에 불순종할 때 하나님의 마음이 가장 아프실 거라는 내용이었다.

하나님이 불순종한 우리를 향해 "쌤통이다. 어디 실컷 당해 봐라" 하고 방관하시겠는가? 아니다. 하나님은 우리를 그렇게 대하지 않으신다. 오히려 우리가 살 길을 예비하셨다. 그것이 바로 십자가이다. 하나님은 그분의 사랑을 십자가를 통해서 확증하셨다. 이것이 성경이 말하는 하나님의 속성이다.

목회를 하다 보니 그 마음이 이해가 간다. 하나님의 말씀으로 권면했지만 불순종하여 고통당하는 성도를 볼 때면, '내 말 안 듣더니 잘 됐다'라고 생각해야 할 것 같은데 그렇지가 않다. 가슴이 찢어질 듯 아프다. 어떻게든 회복할 방법을 찾아 주고 싶다. 나는 이것이 하나님의 마음임을 깨달았다.

하나님은 이런 우리를 회복시키시기 위해 속죄 제물을 예비하셨다.

"인자가 온 것은 섬김을 받으려 함이 아니라 도리어 섬기려 하고 자기 목숨을 많은 사람의 대속물로 주려 함이니라"막 10:45.

"우리는 다 양 같아서 그릇 행하여 각기 제 길로 갔거늘 여호와께서는 우리 모두의 죄악을 그에게 담당시키셨도다" 사 53:6.

하나님은 불순종의 죄로 그분께로 돌아갈 수 없는 우리를 위해 용서를 선포해 주셨다. 용서의 대가 또한 우리가 아닌 하나님이 치르셨다. 그분의 아들에게 우리의 죗값을 십자가에서 담당하게 하심으로 우리를 구원하셨다. 내가 십자가를 만난 후 처음 취한 행동은 운 것이었다. 우는 것 말고는 할 수 있는 일이 없었다. 십자가에서 죽임을 당하신 예수님께 죄송해서 울었고, 그렇게까지 나를 사랑하신 하나님께 감사해서 울었다.

성경은 우리를 향한 하나님의 마음에 대해서 분명히 증언한다.

"하나님이 세상을 이처럼 사랑하사 독생자를 주셨으니 이는 그를 믿는 자마다 멸망하지 않고 영생을 얻게 하려 하심이라" 요 3:16.

하나님의 모든 행동이 이 말씀에서 다 해석된다. 왜 그분은 나를 먼저 찾아오셨는가? 왜 그분은 나를 위해 독생자를 아낌없이 십자가에 내어 주셨는가? 왜 그분은 나를 붙드시는가? 사랑, 그것 말고는 해답을 찾을 수가 없다. 요한은 자신의 서신을 통해 하나님의 사랑에 대해서 분명하게 증거한다.

"하나님의 사랑이 우리에게 이렇게 나타난 바 되었으니 하나님이 자기의 독생자를 세상에 보내심은 그로 말미암아 우리를 살리려 하심이라 사랑이 여기 있으니 우리가 하나님을 사랑한 것이 아니요 하나님이 우리를 사랑하사 우리 죄를 속하기 위하여 화목제물로 그 아들을 보내셨음이라"요일 4:9-10.

이보다 더 분명한 사랑의 증거가 어디 있는가? 사랑의 깊이는 희생과 비례한다. 이제 우리에게는 하나님의 사랑이 사랑의 기준이 된다. 하나님은 우리를 위해 아들을 주셨다. 아들은 하나님께 순종하여 자신의 생명을 드렸다. 하나님의 사랑은 이렇게 모든 것을 줌으로써 명백하게 드러났다.

2천 년 전 십자가에서 나타난 사랑은 누군가의 선포로 인해 내게 실재가 되어 다가온다. 그러면 그 십자가 사건이 나를 살리기 위한 하나님의 사랑의 증표임을 깨닫게 된다.

"우리에게 주신 성령으로 말미암아 하나님의 사랑이 우리 마음에 부은 바 됨이니"롬 5:5.

그 사랑을 경험한 사람은 요한과 같이 고백하게 된다.

"하나님이 우리를 사랑하시는 사랑을 우리가 알고 믿었노니 하나님은 사랑이시라"요일 4:16.

"하나님은 사랑이시라"는 이 고백 말고 다른 어떤 고백을 더 드릴 수 있겠는가? 십자가의 완전한 사랑을 맛본 사람이 어떻게 자신의 삶을 주께 드리지 않고 다른 일을 할 수 있겠는가? 만약 그렇다면 십자가의 사랑을 경험하지 못한 것이다. 그래서 다른 사랑을 갈구하며 찾아다니는 것이다.

우리는 성령 세례를 받을 때, 그리고 성령의 충만함을 받을 때마다 하나님의 사랑으로 충만해진다. 그러면 우리는 하나님만을 위해 살고 싶어진다. 어떤 어려움이 다가와도 다 헤쳐나가고 돌파할 수 있는 힘이 생긴다. 하나님의 사랑에 지배당한 사람에게는 이보다 더 귀한 것이 없기 때문이다.

성 어거스틴은 이렇게 말했다.

"인류 모두가 의롭고 단 한 사람만 죄인일지라도 그리스도께서는 그 한 사람을 위해 십자가를 지실 것이다. 그리스도는 한 사람 한 사람을 지극히 사랑하신다."

이것이 하나님의 사랑이다. 수많은 영화나 드라마에 나오는

지고지순한 사랑과는 감히 비교할 수 없는 완벽한 사랑이다. 우리를 향한 지순한 사랑이 여기 있다. 하나님은 회개하며 나아오는 자를 구원하신다. 그것이 십자가에서 이루신 하나님의 역사이다.

사랑은 모든 것을 정복한다. 세상은 힘으로 정복하려 하지만 그 시도는 항상 실패로 끝났다. 그리스도는 사랑으로, 복음으로 세상을 정복하고자 하신다. 우리를 정복하려 하신다. 당신은 그리스도의 사랑에 정복당했는가? 그리스도의 사랑 앞에 무릎을 꿇었는가? 하나님의 사랑이 당신을 사명의 길로 이끌고 있다. 돌파하려는 자가 사명을 감당하기 위해 경험해야 할 것은 하나님의 사랑에 대한 감격이다. 그 사랑에 대한 감격이 있는 자는 결코 무너지지 않는다.

십자가의 사랑에 무릎을 꿇고 세상을 향해 예수 그리스도의 사랑을 선포하라. 참 사랑을 갈급해 하는 세상에 그리스도의 참 사랑을 심으라.

10. 광야에서 새롭게 태어나라

하나님께 쓰임 받기 위해 반드시 졸업해야 하는 학교가 있다. 바로 '광야학교'이다. 하나님께 쓰임 받았던 사람들은 모두 광야학교 졸업생이다. 광야학교의 주요과목은 '깨어지는 것'이다. 자신이 믿고 의지하고 사랑한 모든 것이 깨어지는 경험을 통과해야 된다. 그래서 오직 주께 속한 자가 되는 것이 광야학교의 목표이다.

광야학교에서 우리를 가르치는 선생들은 참으로 다양하다. 어떤 특정한 사람이 될 수도 있는데 그 사람이 전혀 내 맘에 들지 않을 수 있다. 또한 사람이 아닌 예상치 못한 사건이나 상황이 될 수도 있다. 어쩌면 정말 마주하기 싫은 상황이거나 내 약점이 드러나는 상황일 수도 있다. 광야학교의 다양한 선생들은 여러 과정을 통해 우리의 믿음을 단련하고 시험한다. 그렇다고 두려워할 필요는 없다. 광야학교의 주인은 하나님이시기 때문이다. 그분은 절대 감당할 수 없는 시험을 우리에게 허락하지 않으신다. 게다가 그분은 우리를 지극히 사랑하신다.

> "오직 하나님은 미쁘시사 너희가 감당하지 못할 시험 당함을 허락하지 아니하시고 시험 당할 즈음에 또한 피할 길을 내사 너희로 능히 감당하게 하시느니라"고전 10:13.

사탄의 시험은 사람을 무너뜨리는데 그 목적이 있지만, 하나님의 시험은 사람을 세우기 위함이다. 사탄의 시험은 화를 주기 위한 것이지만, 하나님의 시험은 복을 주기 위함이다. 즉, 광야학교에서 주어지는 모든 시험은 우리를 성장시키기 위한 시험이다.

광야학교에서는 주입식 교육을 시키지 않는다. 그곳에서는 다음과 같은 질문을 던진다.

"이런 상황에서도 오직 주님만을 의지하겠는가? 주님만을 사랑하고 순종하겠는가?"

우리가 이 모든 질문에 아멘으로 대답한다면 광야학교를 무사히 졸업하게 된다. 그제야 비로소 주님께만 속한, 하나님이 쓰시기 좋은 그릇이 될 수 있다. 그야말로 돌파에 적합한 사람이 될 수 있다.

광야학교를 졸업하면 우리에게는 '바보'라는 이름표가 붙게 된다. 그러나 하늘에서는 그 이름표가 가장 영광스러운 칭호일 것이다. 하나님이 한 사람을 광야학교에 입학시켜 이루시고자 하는 목표는 바로 '주님께만 속한 바보'를 만드시기 위함이기 때문이다. 하나님은 바보처럼 주님께 목숨을 거는 사람들을 사용하신다. 그때 주님의 생명이 그의 생명이 되고 주님의 사랑이 그의 사랑이 되고 주님의 능력이 그의 능력이 된다. 주님께 속한 바보가 될수록 그를 통해 주님이 드러나시기 때문이다.

광야학교를 졸업하고 주께 속한 바보가 된 한 사람을 소개하겠다. 출애굽의 영웅, 모세이다. 모세의 일생은 40년 단위로 나눠서 살펴볼 수 있다. 첫 40년은 태어나서 광야로 가기까지의 과정이다. 그 시기에 모세는 이집트 왕궁에서 교육을 받으며 많은 학문을 익혔다. 지금으로 말하자면 스펙을 쌓았던 시기였다. 하지만 하나님의 눈에 그는 아직 부족했다. 광야학교 졸업장이 없었기 때문이다. 그때 모세는 광야를 거치지 않았기에 하나님보다 자신을 더 신뢰했다. 하나님은 이제 그가 광야학교에 입학할 때가 되었음을 아셨다. 곧 모세는 예상치 못한 살인을 저지르고 광야로 도망갔다.

그 이후 모세는 다음 40년을 광야에서 보낸다. 모세는 시내 광야에서 장인의 양떼를 치는 목자로 살아간다. 탁월한 스펙을 가진 그와는 전혀 어울리지 않는 직업이었다. 인간의 눈으로 보면 그는 실패자 같았다. 하지만 하나님의 눈에 그는 광야학교를 거치고 있는 중이었다. 그 과정 속에서 그는 그동안 의지하던 자신의 지식과 힘을 다 내려놓아야 했다.

마침내 그가 자신이 신뢰하던 모든 것을 내려놓았을 때, 하나님은 모세를 찾아오셨다. 모세가 자신에 대한 신뢰를 어느 정도 내려놓았는지 알 수 있는 사건이 하나 있다. 하나님이 모세에게 이제 세상으로 나가 돌파를 시작하자고 하셨을 때 그는 자신의 부족함만을 이야기했다.

"모세가 이르되 오 주여 보낼 만한 자를 보내소서" 출 4:13.

온전히 주님만을 의지하기로 작정한 모세를 통해 하나님께서 얼마나 엄청난 일을 행하셨는지는 굳이 설명하지 않겠다. 광야학교 졸업생의 활약상은 출애굽기를 통해 보기 바란다. 모세는 이집트 왕과 대적해서 이스라엘 백성들을 구원하는 일에 영광스럽게 쓰임 받았다. 오늘날 이해하기 쉽게 말하면 한 나라에 들어가 한 민족을 전부 예수님께로 이끌어 구원받게 만들었다는 말이다.

성경은 광야학교 졸업생, 모세에 대해서 다음과 같이 평한다.

"이 사람 모세는 온유함이 지면의 모든 사람보다 더하더라" 민 12:3.

온유함은 그저 성격이 좋다는 것을 의미하지 않는다. 주님께 복종하는 영적인 성품을 뜻한다. 즉, 온유는 온전히 주님께 사로잡힌 성품을 말하는 것이다. 모세도 광야학교 졸업생만이 받을 수 있는 영광스러운 호칭 '주님께만 속한 바보'가 되었다.

광야학교 졸업생을 한 명 더 소개하고자 한다. 바로 다윗이다. 다윗은 하나님께서 이스라엘 왕으로 세운 인물이다. 지금으로 말하면 한 세대에 한 명 나올까 말까 한 영적 지도자인 것이다. 그가 이스라엘의 역사 속에 나타났을 때, 사람들은 그에게 환호를 보냈다. 그가 보여준 놀라운 전투력은 사람들의 시선과 열광적인 환호를 끌어냈다. 결국 그를 향해서 이스라엘 백성들은 "사울이 죽인 자는 천천이요 다윗은 만만이로다" 상상 18:7라고 노래했다.

당시 왕이었던 사울이 이 소리를 듣고 기분 좋을 리가 없었다. 그는 자신보다 인기가 많은 다윗을 향해 창을 겨누었다. 인간적으로 보면 이때부터 다윗의 삶이 꼬였다고 생각할 수 있다. 그러나 이는 다윗을 광야학교로 부르시는 하나님의 초청이었다.

다윗의 선생은 사울 왕이었다. 그리고 그의 교육 방법은 목숨을 위협하는 것이었다. 주님은 이 무서운 수업을 통해서 다윗의 마음에 질문을 던지셨다.

"나만을 의지하겠는가? 나에게만 순종하겠는가?"

다윗은 광야학교를 통해 인생에서 참으로 의지할 분이 누구인지 확실히 배웠다. 그가 의지할 대상이 자신의 힘도, 자신의 능력도, 사람들의 인기와 환호도 아님을 분명히 알게 되었다. 오직 하나님만이 참으로 의지할 분임을 알게 되었다.

그는 사울 왕을 죽일 수 있는 기회도 있었지만, 오직 하나님의 통제에 자신을 맡겼다.

"여호와께서 살아 계심을 두고 맹세하노니 여호와께서 그를 치시리니 혹은 죽을 날이 이르거나 또는 전장에 나가서 망하리라 내가 손을 들어 여호와의 기름 부음 받은 자를 치는 것을 여호와께서 금하시나니 너는 그의 머리 곁에 있는 창과 물병만 가지고 가자" 삼상 26:10-11.

시편을 보면 다윗이 사울에게 쫓기며 적은 시가 여러 편 있다. 다윗은 여호와 하나님만이 자신의 구원자이심을 선포하며 노래한다.

"나의 힘이신 여호와여 내가 주를 사랑하나이다 여호와는 나의 반석이시요 나의 요새시요 나를 건지시는 이시요 나의 하나님이시요 내가 그 안에 피할 나의 바위시요 나의 방패시요 나의 구원의 뿔이시요 나의 산성이시로다 내가 찬송받으실 여호와께 아뢰리니 내 원수들에게서 구원을 얻으리로다"시 18:1-3.

다윗은 광야학교를 통해서 그의 인생을 주관하시고 역사하시는 분이 하나님이심을 깨달았다. 그분의 말씀을 따라 순종하는 삶이 가장 복된 삶임을 알게 되었다. 다윗을 통해서 하나님이 하신 일들은 열거하기 어려울 정도로 많다. 다윗은 하나님의 백성이 가장 영광스러운 한때를 보낼 수 있도록 하나님이 사용하신 지도자였다.

우리의 삶에도 광야와 같은 시간이 주어진다. 그러나 그 시간은 하나님이 우리를 위해 예비하신 시간이다. 하나님께서 우리를 광야학교로 초청하시면, 그곳에서 주만 바라보는 법을 배워야 한다. 자신이 신뢰하던 것을 벗어버리고, 오직 주만 신뢰하는 법을 배우라. 육으로 사랑하던 것을 버리고 영으로 사랑하는 법을 배우라. 온전히 주님의 지혜와 능력을 의지하며 일하는 법을 배우라. 이를 통해 주님을 닮아가며 그분의 향기를 풍기는 사람이 되라. 그렇게 우리는 주님께 사로잡힌 사람이 되어야 한다.

광야학교를 통해 주님이 훈련하시고자 하는 것은 우리를 주님께 속한 사람으로 변화시키시는 것, 우리의 내면을 주님으로 가득 채우시는 것이다. 주님은 참으로 우리의 주인이 되기를 원하신다. 그래서 우리가 지성과 감정과 의지를 주님의 발 앞에 내려놓고, 주님의 뜻에 따라 움직이게 만드신다. 기간은 정해져 있지 않다. 우리는 주님께 온전히 속할 때까지 광야학교를 졸업할 수 없다.

19세기 대부흥 운동에 귀하게 쓰임 받은 하나님의 사람 무디는 다음과 같이 말했다.

"모세는 태어나서 40년 동안 자신이 대단한 인물something이라고 생각하며 살았다. 그리고 그 다음 40년 동안은 자신이 아무것도 아니라는 것nothing을 알게 되었다. 그리고 마지막 40년 동안은 아무것도 아닌 자nothing를 하나님이 들어 쓰시면 권능자everything가 될 수 있음을 깨닫는 삶을 살았다."

무디는 하나님이 한 사람을 사용하시기 전에 어떤 훈련을 시키시는지 아는 사람이었다. 하나님은 내면에 자기 자신만으로 가득 차 있을 때는 그저 지켜만 보신다. 그러다가 내면에 거룩한 포기가 일어나면 그를 사로잡으신다.

무디를 부흥 운동에 전적으로 헌신하게 만든 헨리 바레이는 다음과 같이 말했다.

"세상은 아직도 하나님께 완전히 헌신하는 사람을 위하여, 또한 그를 통하여 무엇을 하실 수 있는지 보지 못했다."

무디는 바로 그 한 사람이 되었다. 그리고 하나님은 그분께 사로잡힌 자를 통해 얼마나 큰 일을 하시는지 세상에 보여 주었다.

우리는 눈을 돌려 주께 속한 사람들을 살펴볼 필요가 있다. 주님께 온전히 붙들려서 하나님의 역사를 써 나가는 사람들을 살펴보자. 그들에게는 광야학교 졸업장이 반드시 있을 것이다. 그들은 자신의 감정과 생각, 의지를 마음대로 사용하지 않는다. 주님의 통제 아래 사용하는 법을 배웠기 때문이다.

세상은 한 사람의 내면이 깨어져 하나님께 사로잡혀 있는지에는 관심이 없다. 오직 외적으로 보이는 실력과 재능, 또는 그의 재산에 관심을 둔다. 그러나 하나님의 기준은 전혀 다르시다. 하나님은 부족해도 사용하신다. 단, 그 마음에 겸손함이 있는지를 꼭 확인하신다. 그가 하나님의 통제 아래 있는지를 점검하신다. 광야학교 졸업장은 곧 그의 내면이 겸손하다는 사실을 확증하는 보증서이다.

청년의 때, 얼마나 많은 일들이 일어나는가? 또 미래에 대한 부담은 얼마나 큰가? 하지만 주님께 깨어 있는 자들은 하나님의 음성을 들어야 한다.

"너는 오직 나만 의지하고 나의 뜻에 합하게 움직이겠는가?"

모든 상황과 만남 속에서 이 질문을 듣게 될 때, 우리는 삶으로 그 사실을 증명해 보여야 한다. 우리의 계획과 의지와 감정과 반대되는 일이 벌어질 때 마음속에서는 전쟁이 일어날 것이다. 바로 그때 오랜 분투의 시간을 지나 "나는 오직 주님께 속하고 오직 주만 의지하고 오직 주님께 순종하는 사람입니다"라고 우리의 온 인생으로 반응해야 한다. 하나님은 이 땅에서 그분의 일을 하시기 위해 그 한 사람을 기다리신다.

11. 목숨 걸고 돌이켜라

나는 처음 성경을 읽을 때, 다른 무엇보다 죄에 대해 심각하게 경고하는 것을 보고 놀랐었다. 목사님들도 끊임없이 죄에 대한 경고 말씀을 하셨는데, 당시에는 왜 이렇게까지 강조할까 알지 못했었다. 그중 죄에 대해서 나를 가장 긴장하게 만드는 성경 구절이 두 개 있었는데, 먼저는 예수님이 사랑하는 제자들에게 하신 말씀이다.

"만일 네 손이 너를 범죄하게 하거든 찍어버리라 장애인으로 영생에 들어가는 것이 두 손을 가지고 지옥 곧 꺼지지 않는 불에 들어가는 것보다 나으니라 만일 네 발이 너를 범죄하게 하거든 찍어버리라 다리 저는 자로 영생에 들어가는 것이 두 발을 가지고 지옥에 던져지는 것보다 나으니라 만일 네 눈이 너를 범죄하게 하거든 빼버리라 한 눈으로 하나님의 나라에 들어가는 것이 두 눈을 가지고 지옥에 던져지는 것보다 나으니라"막 9:43-47.

이 말씀을 보면 예수님이 우리의 손과 발과 눈을 귀하게 여기지 않으신다는 의미인가? 아니다. 그분은 평생 보지 못하는 사람, 걷지 못하는 사람을 불쌍히 여기시고 그들을 고쳐주셨다. 그럼에도 불구하고 예수님은 장애를 가지고 살지언정 죄를 짓지 말라고 경고하셨다. 신체의 일부를 잃더라도 하나님께 순종하는 삶이 더 축복된 삶이라고 말씀하셨다. 이처럼 예수님은 죄를 심각하게 다루셨다. 또 다른 성경 구절은 이것이다.

"너희가 죄와 싸우되 아직 피 흘리기까지는 대항하지 아니하고"히 12:4.

이 구절을 처음 읽었을 때 나는 한동안 멍하게 천장을 바라보았다. 도대체 죄가 뭔데 피 흘리기까지 싸워야 하는 것일까? 피를 흘리며 싸우라는 것은 목숨 걸고 죄와 싸우라는 말이다. 성경은 왜 이토록 죄를 미워하는 것일까? 당시 나에겐 죄를 사랑해서 좋을 것은 없지만, 육체의 일부를 잃고 피 흘리며 사는 게 죄를 짓는 것보다 낫다는 말이 큰 충격이었다.

그때부터 나는 죄가 무엇이길래 하나님께서 이토록 경고하시는지 알고 싶었다. 먼저 죄를 원문으로 살펴보면, 여러 가지 의미가 있지만 가장 많이 쓰이는 것이 '표적을 맞추지 못하는 것', '표적과 길에서 빗나가는 것'이다. 죄는 하나님이 계획하시고 예정하신 삶과 어긋나는 것이다. 하나님과 하나님이 보내신 선지자들과 예수님, 사도들이 그토록 경고한 것이 바로 이러한 삶이다. 간단히 말하자면 죄는 하나님의 말씀에 불순종하는 삶이다.

하나님은 왜 이러한 삶을 그토록 경계하시는가? 왜냐하면 죄는 이 땅을 향한 하나님의 계획을 무너뜨리기 때문이다. 죄는 하나님의 비전을 향한 돌파를 불가능하게 만들기 때문이다.

사실 나는 하나님의 법을 알기 전까지는 죄가 무엇인지도 모르고 살았다. 그렇다고 죄를 짓지 않고 산 것은 아니었다. 죄가 무엇인지 알지 못했어도 죄된 삶을 살았으며 죄의 영향력 아래 살았다. 그로 인해 나를 향하신 하나님의 계획을 전혀 성취하지 못하고 살았다. 하나님께서 나를 이 땅에 보내신 목적과 반대되는 삶을 살았던 것이다.

"죄가 율법이 있기 전에도 세상에 있었으나 율법이 없었을 때에는 죄를 죄로 여기지 아니하였느니라" 롬 5:13.

사탄은 사람의 무지를 기뻐한다. 무지 가운데 죄를 짓고 살면 하나님이 주신 꿈을 향해 돌파하는 것이 불가능하기 때문이다. 하나님은 우리의 무지를 일깨우시기 위해 자신의 법, 곧 말씀을 우리에게 주셨다. 우리는 말씀에 비추어 삶을 평가하고 돌이켜야 한다. 그래야만 살 수 있다.

죄는 우리가 하나님의 축복을 누리는데 결정적인 장애물이 된다. 죄는 하나님의 복을 받기 위해 지음받은 자를 하나님의 진노의 자리에 이르게 만든다. 죄는 하나님의 영광을 드러내기 위해 지음받은 자를 마귀의 형상을 드러내는 일에 쓰임 받게 한다. 그렇게 죄는 우리를 망가뜨리고 허물어뜨린다. 그래서 우리는 목숨을 걸고서라도 죄로부터 돌이켜야 한다. 예수님이 그토록 죄에 대해 비장하게 말씀하신 이유도, 히브리서 기자가 그토록 처절하게 주장한 이유도 바로 죄가 주는 엄청난 파괴력 때문이었다.

그것을 깨닫고 나면 죄에서 돌이키라는 하나님의 마음을 이해할 수 있다. 하나님은 우리가 하나님의 비전을 이루는 삶을 추구하길 간절히 원하신다. 죄로부터 돌이키라는 말씀 속에 그 마음이 녹아 있다.

"주 여호와의 말씀이니라 이스라엘 족속아 내가 너희 각 사람이

행한 대로 심판할지라 너희는 돌이켜 회개하고 모든 죄에서 떠날지어다 그리한즉 그것이 너희에게 죄악의 걸림돌이 되지 아니하리라 너희는 너희가 범한 모든 죄악을 버리고 마음과 영을 새롭게 할지어다 이스라엘 족속아 너희가 어찌하여 죽고자 하느냐 주 여호와의 말씀이니라 죽을 자가 죽는 것도 내가 기뻐하지 아니하노니 너희는 스스로 돌이키고 살지니라"겔 18:30-32.

"너는 그들에게 말하라 주 여호와의 말씀이니라 나의 삶을 두고 맹세하노니 나는 악인이 죽는 것을 기뻐하지 아니하고 악인이 그의 길에서 돌이켜 떠나 사는 것을 기뻐하노라 이스라엘 족속아 돌이키고 돌이키라 너희 악한 길에서 떠나라 어찌 죽고자 하느냐 하셨다 하라"겔 33:11.

"이때부터 예수께서 비로소 전파하여 이르시되 회개하라 천국이 가까이 왔느니라 하시더라"마 4:17.

"그러므로 너희가 회개하고 돌이켜 너희 죄 없이 함을 받으라 이같이 하면 새롭게 되는 날이 주 앞으로부터 이를 것이요"행 3:19.

당신은 회개를 촉구하는 외침 속에서 하나님의 마음을 읽고 있는가? 하나님이 예비하신 삶을 떠난 인생, 과녁을 벗어난 인생에는 하늘의 복이 임할 수 없다. 하나님께서 간절함과 긴급함으로 당신을 애타게 부르고 계신다. 그것은 하나님의 사랑의 표현이다.

당신은 하나님의 간절한 외침에 응답하고 있는가? 삶을 돌이켜 응답하고 있는가? 저주의 길이 아닌 복의 길로 진입하라. 고속도로에서 길을 잘못 들어서면 오랫동안 고생한다. 인생도 마찬가지다. 의의 길로 들어서지 않는 청년들을 보면 가슴이 아프다. 하나님은 우리의 인생에서 여러 번 유턴의 기회를 주신다. 네비게이션이 목적지를 이탈할 때 쉴 새 없이 경고음을 내듯이, 하나님은 우리에게 계속해서 경고음을 들려주신다. 혹시 하나님의 경고음에 음소거 버튼을 누르는 것으로 반응하고 있지는 않은가?

죄에도 기쁨이 있다. 사탄도 기쁨을 준다. 불순종할 때 우리는 잠깐 쾌락을 누린다. 그러나 죄가 주는 기쁨은 순간일 뿐이다. 하나님이 주시는 영생의 기쁨과는 비교할 수 없는 얄팍한 기쁨이다. 그럼에도 불구하고 그 얄팍한 기쁨에 사람들이 빠져든다.

사탄은 죄의 기쁨을 통해 사람들이 하나님께 눈을 돌리지 못하게 만든다. 하나님을 경외하며 하나님의 뜻을 따라 살아가는 삶은 지루하고 재미없다고 속인다. 반면 죄악뿐인 삶은 재미있고 흥미진진해 보이게 만든다. 그러나 정말 그러한가?

영혼을 구원하는 일보다 더 재미있고 흥미진진한 일은 없다.

한 영혼이 주님께 돌아와 찬송하는 것을 보는 일보다 더 익사이팅한 일이 있을까? 텔레비전 광고는 술 마시고 노는 것을 아름답게 그린다. 그러나 뒷골목에서 벽을 붙잡고 토하며 휘청거리면서 집으로 돌아가는 것이 현실이다. 우리는 무엇을 믿고 무엇을 붙잡고 살아가고 있는가?

솔로몬은 전도서에서 하나님 없이 누리는 모든 기쁨에 대해 다음과 같이 말한다.

"헛되고 헛되며 헛되고 헛되니 모든 것이 헛되도다" 전 1:2.

하나님으로부터 자유해지는 것은 순간의 즐거움을 주지만 곧 죄의 속박으로 이어진다. 죄는 하나님으로부터 오는 엄청난 축복을 막는다. 우리는 세상의 얄팍함에 속지 말아야 한다. 그 자유를 얻는 대가는 엄청난 저주뿐이다.

요즘 시대가 악해지고 있다는 것을 알 수 있는 현상이 있다. 자신뿐만 아니라 주위 사람들에게도 죄악의 길로 가자고 유혹하는 것이다. 그들은 죄악이 주는 작은 기쁨은 크게 부각시키고, 그 결과는 축소시켜 분별력을 잃게 한다. 놀라운 것은 죄가 성행했던 시대에는 항상 이런 현상이 있었다는 것이다.

"그들이 이같은 일을 행하는 자는 사형에 해당한다고 하나님께서 정하심을 알고도 자기들만 행할 뿐 아니라 또한 그런 일을 행하는 자들을 옳다 하느니라"롬 1:32.

오직 하나님의 말씀으로 죄악을 분별하고 하나님의 말씀대로 사는 삶의 축복을 신뢰해야 한다. 하나님은 우리를 귀찮게 하시는 분이 아니라 참된 행복을 주시는 분이다. 주님의 말씀에 순종하는 것이 복이다. 의로운 삶은 하나님의 도우심을 입는다. 이것이 돌파의 원동력이다.

"이스라엘아 네 하나님 여호와께서 네게 요구하시는 것이 무엇이냐 곧 네 하나님 여호와를 경외하여 그의 모든 도를 행하고 그를 사랑하며 마음을 다하고 뜻을 다하여 네 하나님 여호와를 섬기고 내가 오늘 네 행복을 위하여 네게 명하는 여호와의 명령과 규례를 지킬 것이 아니냐"신 10:12-13.

하나님이 우리에게 주신 인생은 귀하다. 두 번 다시 경험할 수 없는 삶이다. 우리는 일 분 일 초도 죄의 종이 아닌 의의 종으로 살아야 한다. 목숨 걸고 죄로부터 돌이키라. 평생을 하나님께 쓰임만 받아도 시간이 짧다.

12. 기다림은 멈춤이 아니다

　청년의 가장 큰 장점은 가능성이다. 뭐든지 할 수 있고 뭐든지 가능한 때이다. 그러나 약점도 있다. 이룬 것이 없다는 것이다. 꿈은 있지만 그 어떤 미래도 눈에 보이지 않는 이 시기에 우리는 조바심을 내며 살 것인지 아니면 하나님의 계획을 신뢰하며 준비할 것인지를 선택해야 한다.

　청년들과 상담해보면 큰 이슈가 두 가지 있다. 결혼과 취업이다. 결혼 적령기에 있는 청년들은 당연히 결혼을 잘하고 싶어 한다. 하나님 보시기에 아름다운 믿음의 가정을 이루고 싶어 한다. 그러나 결혼할 사람은 보이지 않는다. 친구들의 청첩장을 받을 때마다 가슴이 철렁 내려앉는다. 나보다 딱히 나아 보이지 않는 친구들이 잘도 결혼을 한다.

　이때 조바심을 내면 신중하지 못한 선택을 하게 되고, 그것은 불행한 결혼생활로 이어질 가능성이 크다. 반면 믿음의 가정을 세우겠다는 하나님의 꿈을 붙잡고 기다리는 청년은 주변 사람들과 비교하기 보다 하나님의 때를 기다리며 기도한다. 그때 자신의 영혼과 인격의 성장을 추구한다면 그 시간은 성숙한 결혼생활을 위한 준비 시간이 된다. 그러니 어떠한 선택을 해야 하는지 진지하게 고민해 보라.

취업을 준비하는 청년들도 마찬가지다. 자신의 사명지가 될 일터를 위해 기도하며 준비하는데 뜻대로 되지 않는다. 오히려 비전에 대해 고민하지 않는 친구들이 더 잘 풀리는 것 같다. 하지만 이때가 바로 내공을 쌓을 때다. 사람들은 조바심이 나면 쉽게 포기하거나 곁길로 가게 된다. 그러나 당신의 심령에 하나님이 주신 비전이 있다면 기도하며 성장해 가라. 그러면 기회는 반드시 온다. 자신이 꿈꾸는 일에 전문성을 기르고 하나님의 은혜를 구하라.

지금 당신의 마음속에 타협할 수도, 포기할 수도 없는 하나님의 비전이 있는가? 그렇다면 조금 늦어져도 괜찮다. 일단 씨앗이 심기면 뿌리가 내리고 줄기가 자라고 결국 꽃이 핀다. 뿌리가 내릴 때는 땅 위에서 보이지 않는다. 우리에게 심겨진 하나님의 비전도 이와 마찬가지다. 지금 당장 보이지 않을 뿐이지 하나님의 꿈은 반드시 이루어진다. 하나님의 비전은 빨리 내 손에 쥐고 싶다고 쥐어지는 것이 아니다. 준비가 되면 성취된다. 기다림의 때가 뿌리를 깊게 내리는 때임을 기억하라.

하나님의 사람 요셉도 오랜 시간 제자리만 맴도는 삶을 살았다. 하나님은 그에게 꿈을 주셨지만 그 꿈이 현실이 되기까지는 오랜 시간이 걸렸다. 하나님은 어린 시절부터 요셉에게 꿈을 주셨다. 형제들 사이에서 리더가 되는 꿈이었다.

"요셉이 그들에게 이르되 청하건대 내가 꾼 꿈을 들으시오 우리가 밭에서 곡식 단을 묶더니 내 단은 일어서고 당신들의 단은 내 단을 둘러서서 절하더이다"창 37:6-7.

요셉은 하나님의 꿈을 믿었고 그 믿음대로 선포했다. 그러나 그 선포로 인해 형제들의 시기를 샀다. 꿈 이야기를 한 것이 지혜로운 행동이었는지는 더 생각해 보아야겠지만, 그가 하나님이 주신 꿈을 믿은 것만은 분명하다. 요셉은 분명 자신이 하나님의 축복으로 형들을 이끄는 리더가 될 것임을 확신했다. 그런 그에게 일어난 첫 번째 사건은 무엇인가? 시기심으로 가득 찬 형들에 의해 죽을 뻔한 사건이었다. 간신히 목숨을 건진 그는 이집트에 종으로 팔려 갔다. 하나님이 주신 꿈과는 전혀 어울리지 않는 상황 전개였다.

요셉은 애굽의 보디발 장군의 집으로 팔려 갔다. 그곳에서의 삶은 어떠했는가? 처음에는 꼬였던 삶이 풀리는 듯 보였다.

"여호와께서 요셉과 함께하시므로 그가 형통한 자가 되어 그의 주인 애굽 사람의 집에 있으니 그의 주인이 여호와께서 그와 함께하심을 보며 또 여호와께서 그의 범사에 형통하게 하심을 보았더라 요셉이 그의 주인에게 은혜를 입어 섬기매 그가 요셉을 가정 총무로 삼고 자기의 소유를 다 그의 손에 위탁하니 그가 요셉에게 자기의 집과 그의 모든 소유물을 주관하게 한 때부터 여호와께서 요셉을 위하여 그 애굽 사람의 집에 복을 내리시므로 여호와의 복이 그의 집과 밭에 있는 모든 소유에 미친지라"창 39:2-5.

요셉의 삶은 한마디로 하나님의 은혜가 풍성하게 임한 삶이었다. 그때 요셉은 지금처럼만 하나님이 축복해 주시면 하나님의 꿈에 더 가까워질 것이라고 생각했을 것이다. 그런데 이때 그에게 두 번째 사건이 일어난다. 보디발 장군의 아내가 요셉을 유혹한 것이다. 그러나 요셉은 하나님 앞에서 자신의 마음을 지켜 그 자리에서 도망쳤다.

보디발의 아내는 자신이 원하는 대로 되지 않자, 그 욕망이 분노로 변해 요셉이 자신을 추행하려 했다고 거짓으로 고발했다. 그렇게 요셉은 누명을 쓰고 왕의 죄수들을 가두는 감옥에 갇혔다. 꿈에 대한 일말의 기대감이 무너지는 순간이었다.

요셉을 향한 하나님의 꿈은 어떻게 될 것인가? 지금 그의 상황은 너무나도 초라하다. 꿈을 향해 전혀 나아가지 못하고 있는 것처럼 보인다. 그러나 요셉은 소망을 잃지 않았다. 옥중에서도 하나님이 함께하시는 은혜가 있었기 때문이다. 성경은 다시금 하나님이 요셉과 함께하시는 모습을 전한다.

"여호와께서 요셉과 함께하시고 그에게 인자를 더하사 간수장에게 은혜를 받게 하시매 간수장이 옥중 죄수를 다 요셉의 손에 맡기므로 그 제반 사무를 요셉이 처리하고 간수장은 그의 손에 맡긴 것을 무엇이든지 살펴보지 아니하였으니 이는 여호와께서 요셉과 함께하심이라 여호와께서 그를 범사에 형통하게 하셨더라"
창 39:21-23.

옥에 갇혔어도 하나님의 함께하심은 변하지 않았다. 요셉은 하나님이 함께하심을 분명히 알았기에 하나님이 주신 꿈을 포기하지 않았다. 혹 '하나님이 함께하시는데 왜 상황은 그대로인가?'라고 고민하는 청년이 있는가? 그 이유는 간단하다. 아직 준비가 되지 않았기 때문이다.

그 무렵 요셉에게 또 한 가지 사건이 일어난다. 왕의 관원장들 중 두 명이 죄를 지어 감옥에 들어온 것이다. 하루는 그들이 꿈을 꾸었는데 요셉이 그 꿈을 각각 해석해 주었다. 그중 한 명의 꿈은 복직되는 내용이었다. 요셉은 그에게 이렇게 부탁했다.

"당신이 잘되시거든 나를 생각하고 내게 은혜를 베풀어서 내 사정을 바로에게 아뢰어 이 집에서 나를 건져 주소서 나는 히브리 땅에서 끌려온 자요 여기서도 옥에 갇힐 일을 행하지 아니하였나이다"창 40:14-15.

요셉은 왕의 신하에게 일말의 기대감을 가졌다. 그러나 결과는 어떠했는가?

"술 맡은 관원장이 요셉을 기억하지 못하고 잊었더라"창 40:23.

꼬여도 이렇게 꼬인 인생이 어디 있겠는가? 요셉은 하나님의 꿈을 품었지만, 형제들에게 배신당해 죽을 고비를 넘겼고, 애굽에 종으로 팔려 갔고, 누명을 쓰고 감옥에 갔고, 기대한 사람에게 배신당했다. 그러나 요셉은 끝까지 기다림으로 반응했고 맡은 일에 순종했다.

그 후로 3년이 지난 어느 날, 바로 왕은 누구도 해석할 수 없는 꿈을 꾸었는데 그때 술 맡은 관원장이 요셉을 떠올렸다. 관원장은 요셉을 왕에게 추천했고 마침내 그는 감옥에서 나와 바로 왕 앞에 섰다.

"요셉이 바로에게 대답하여 이르되 내가 아니라 하나님께서 바로에게 편안한 대답을 하시리이다"창 41:16.

이 말씀 속에 요셉의 삶이 담겨 있다. 요셉은 오랜 기다림 속에서 모든 인생은 하나님 손에 달려 있음을 깨달았다.

"바로가 그의 신하들에게 이르되 이와 같이 하나님의 영에 감동된 사람을 우리가 어찌 찾을 수 있으리요 하고 요셉에게 이르되 하나님이 이 모든 것을 네게 보이셨으니 너와 같이 명철하고 지혜 있는 자가 없도다 너는 내 집을 다스리라 내 백성이 다 네 명령에 복종하리니 … 바로가 그에게 애굽 전국을 총리로 다스리게 하였더라"창 41:38-43.

요셉은 제자리걸음을 하는 듯한 긴 기다림의 시간을 보내고 드디어 이집트의 총리가 되었다. 그는 총리가 되어 이집트와 주변 국가, 그리고 그의 가족을 기근으로부터 구원하였다.

그렇다면 요셉의 제자리걸음은 헛수고였는가? 시간 낭비였는가? 사람들의 눈에는 그렇게 보일 수도 있다. 그러나 하나님은 그 시간 동안 요셉을 준비시키셨다. 그는 기다림의 시간 속에서 주님의 주권을 배우고 영적으로 성장했다. 또한 가정 총무와 감옥 총무를 하며 국가의 대소사를 맡을 총리로서의 역할, 즉 실제적인 리더십과 행정을 배웠다. 이렇듯 요셉은 하나님 앞에서 날마다 준비되고 있었다. 하나님만이 이 모든 것을 알고 계셨다.

하나님께 비전을 받았음에도 불구하고 제자리걸음을 하는 것처럼 느껴질 때가 있다. 변함없는 일상에 지쳐서 하나님의 꿈을 잊을 때가 있다. 그러나 조급해 하지 말라. 그런다고 달라질 것은 아무것도 없다. 그럴수록 하나님의 약속을 믿고 묵묵히 준비해야 한다. 때를 기다리며 기도하라. 하나님의 비전은 반드시 이루어진다.

청년의 때에는 특히 기다림의 훈련이 필요하다. 청년의 혈기가 주님께 온전히 사로잡히기 위해서는 기다림의 터널을 통과해야 한다. 기다림은 멈춤의 시간이 아니다. 기다림은 성장의 다른 이름이다. 기다림의 때에 하나님을 배우자. 전문성을 갖추자. 하나님께서 우리의 때를 준비하고 계신다. 우리를 향한 하나님의 때가 곧 올 것이다. 믿고 기다리며 성장하라.

13. 믿음의 발걸음을 따라가라

    자기혁신 전문가 전옥표 씨의 책 「이기는 습관」을 보면, 2세 경영자를 효과적으로 훈련하는 방법이 나와 있다. 그것은 2세 경영자들을 학벌에 상관없이 우수 유통점으로 보내는 것이다. 그곳에서 그들은 고객 관리, 판촉 관리, 매장 접객 등을 그대로 따라하며 배우게 된다. 이렇게 하면 자신도 모르게 성장하여 후에 선대가 운영하던 매장을 인수받아 경영해도 별 문제가 일어나지 않는다.

    신앙도 마찬가지다. 이스라엘의 신앙 부흥기에는 따를 만한 좋은 신앙의 모델이 있었고, 그의 가치를 알아보고 따라가는 사람들이 있었다.

    우상 숭배가 가득한 곳에 살았던 믿음의 조상 아브라함은 그곳에서 보고 배울 것이 없었다. 그래서 하나님은 아브라함에게 그곳을 떠나라고 지시하신다.

> "옛적에 너희 조상들 곧 아브라함의 아버지, 나홀의 아버지 데라가 강 저쪽에 거주하여 다른 신들을 섬겼으나 내가 너희의 조상 아브라함을 강 저쪽에서 이끌어 내어"수 24:2-3.

반면 아브라함의 아들 이삭은 떠날 이유가 없었다. 그에겐 아브라함이라는 귀한 신앙의 모델이 있었기 때문이다. 이삭은 아브라함을 따르며 그의 믿음을 계승했다. 믿음의 명문 가정은, 부모가 자녀들에게 믿음의 본이 되어 그 믿음을 대대로 계승하는 가정이다. 이런 가정은 세대를 이어 갈수록 믿음이 날로 성장하고 성숙해져 간다.

하나님의 비전을 위해 성장하길 원한다면 어떻게 해야 하는가? 단순하고 강력한 좋은 방법이 있다. 신앙의 본이 되는 사람을 따라다니는 것이다. 하나님의 비전을 이루기 위해 돌파의 내공을 기르고 싶은가? 신앙의 내공자를 따라다녀라. 그 사람만큼 내공이 쌓일 때까지 배우라. 그것이 비결이다.

반면 영적 침체기에 일어나는 현상이 있다. 첫째 따를 만한 믿음의 선배를 찾기 힘들어진다. 이것이 이스라엘의 영적 암흑기에 일어났던 일이다. 그때는 세상의 방법을 따라가는 사람들은 많았다. 우상 숭배자가 가득했다.

둘째, 신앙의 본이 되는 사람이 있어도 그를 따르는 사람이 별로 없다. 하나님의 말씀이 임하는 선지자들 곁에 머무르면 얼마나 큰 영적 성장을 이룰 수 있겠는가? 그러나 선지자들은 항상 외로웠고 마땅한 대접을 받지 못했다.

장애물을 돌파하고 하나님의 비전을 성취하기 위해 당장 해야 할 일은 믿음의 사람을 찾는 일이다. 당신과 같은 분야에 있는 믿음의 사람을 찾아 그를 따라가라. 당신이 부흥하는 공동체에 있다면 주변에 그러한 사람이 많을 것이다. 그들의 길을 따라 가라. 보고 배우라. 그리고 그들보다 더 높이 날기를 소원하라.

안타깝게도 주변에 믿음의 선배들이 보이지 않을 수도 있다. 그렇다면 내가 하나님의 꿈을 이루는 사람, 즉 개척자의 사명을 가지고 길을 내는 사람이 되자. 주변에 사람이 없다고 이상한 사람을 따라가면 안 된다. 차라리 홀로 걸어가라.

이스라엘 역사 속에서 여호수아가 강력하게 가나안 땅을 향해 돌파할 수 있었던 이유가 무엇인가? 그에게는 강력한 영적 모델이 있었다. 그는 바로 애굽 왕을 돌파하고 하나님의 역사를 이루어 낸 모세이다. 여호수아는 그를 알아보고 전심으로 따랐다.

"사람이 자기 친구와 이야기함 같이 여호와께서는 모세와 대면

하여 말씀하시며 모세는 진으로 돌아오나 눈의 아들 젊은 수종자 여호수아는 회막을 떠나지 아니하니라"출 33:11.

이 시대 강력한 기도의 사람이 누구인가? 그를 따라가서 함께 기도하고 기도의 훈련을 받으라. 그때 당신도 강력한 기도의 사람이 될 것이다. 모세는 하나님이 자기 친구같이 만나 주신 사람이었다. 여호수아는 그런 모세를 따라다녔다. 더욱이 모세보다 더 오랫동안 회막을 떠나지 않았다. 그는 모세의 영성을 뛰어넘으려는 거룩한 갈망이 있었다. 탁월함을 갖추고 싶은가? 영적 대가의 곁에서 그보다 한 발짝 더 앞으로 나아가는 사람이 되겠다고 결심하라.

여호수아는 모세 곁에서 믿음의 강력한 힘을 배웠다. 그는 믿음으로 나아가면 하나님이 약속하신 땅을 얻을 수 있음을 확신했다. 그러자 모세의 담대함도 여호수아에게 전염되었다. 여호수아가 어떻게 요단강을 담대하게 건널 수 있었겠는가? 그는 이미 모세를 통해 하나님이 함께하시면 홍해도 갈라질 수 있음을 체험했기 때문이다.

예수님이 제자들에게 요구하신 것은 무엇인가? 바로 "나를 따르라"였다. 이것은 제자 훈련의 핵심이다. 훌륭한 제자는 예수님만을 잘 따라다니면 된다. 예수님은 훌륭한 제자가 되기 위해서 다른 어떤 것도 필요하지 않음을 아셨다. 오직 예수님만 따라다니며 보고 배우면 그걸로 충분했다. 갈릴리에서 베드로와 안드레를 부르실 때, 예수님은 많은 말씀을 하지 않으셨다. 그저 와서 자신을 따르기를 명하셨다.

"말씀하시되 나를 따라오라 내가 너희를 사람을 낚는 어부가 되게 하리라 하시니"마 4:19.

마태를 부를 때도 마찬가지였다.

"예수께서 그곳을 떠나 지나가시다가 마태라 하는 사람이 세관에 앉아 있는 것을 보시고 이르시되 나를 따르라 하시니 일어나 따르니라"마 9:9.

제자들은 예수님을 따라다니며 하나님의 능력을 배웠다. 하나님의 나라를 배웠다. 하나님의 비전을 품었다. 예수님을 닮아가며 시대를 변화시킬 사람들로 준비되어져 갔다. 그들이 역사상 가장 탁월한 신앙의 모델이신 예수님의 부름에 응답하고 그분만을 따랐기 때문이다. 그래서 결국 그들은 시대를 복음으로 정복하는 사도가 되었다.

엘리사가 구약의 탁월한 선지자가 된 비결은 무엇인가? 시대의 탁월한 선지자 엘리야를 끝까지 따랐기 때문이다.

"엘리야가 엘리사에게 이르되 청하건대 너는 여기 머물라 여호와께서 나를 벧엘로 보내시느니라 하니 엘리사가 이르되 여호와께서 살아 계심과 당신의 영혼이 살아 있음을 두고 맹세하노니 내가 당신을 떠나지 아니하겠나이다 하는지라"왕하 2:2.

그 후에 엘리야는 벧엘을 거쳐 여리고를 지나 요단으로 갔는데, 그때마다 엘리사의 대답은 한결같았다.
"내가 당신을 떠나지 아니하겠나이다."
엘리사가 엘리야를 끝까지 따라다닌 결과는 무엇인가?

"엘리야가 엘리사에게 이르되 나를 네게서 데려감을 당하기 전에 내가 네게 어떻게 할지를 구하라 엘리사가 이르되 당신의 성령이 하시는 역사가 갑절이나 내게 있게 하소서 하는지라"왕하 2:9.

엘리야로 따지면 그는 구약성경에서 모세와 함께 '능력의 양대산맥'으로 불린 믿음의 사람이었다. 그런데 엘리사는 지금 엘리야에게 나타났던 성령의 역사가 갑절로 나타나기를 구하고 있다. 그가 얼마나 간절한 영적 갈망을 갖고 있었는지를 확인할 수 있는 장면이다. 엘리사가 갑절의 능력을 자신의 이익을 위해 구했을까? 아니다. 시대의 어둠을 깨치고 하나님의 역사를 보기 원하는 갈급함에서 구한 것이었다. 결국 엘리사는 탁월한 선지자가 되었다. 그 비결은 바로 믿음의 사람, 엘리야를 알아보고 그를 따랐기 때문이다.

당신은 누구를 따르고 있는가? 그 사람은 믿음의 대표 선수인가, 세상의 대표 선수인가? 마땅히 따를 자를 택하라. 그리고 열심히 따르라.

주를 위한 비전을 가지고 캠퍼스나 직장에 들어갔는가? 그렇다면 먼저 신앙의 모델을 만나게 해달라고 기도드려라. 믿음의 가정을 이루려고 하는가? 그렇다면 자녀들이 평생을 두고 따를 수 있는 신앙의 모델이 되기 위해 힘쓰라. 또한 평생을 두고 신앙의 모델로 삼을 수 있는 가정을 찾아가 배우라. 만약 주변에서 신앙의 모델을 찾기 어렵다면 역사 속에서 시대의 빛으로 살았던 사람들을 찾아 그들의 발자취를 더듬으며 따라가라.

믿음의 발걸음을 잘 따라다니는 것이 영적 성장의 지름길이다. 누구를 따라다니느냐가 당신의 미래를 결정한다. 믿음의 사람을 따라다니라. 그리고 당신 역시 믿음의 사람이 되라. 누군가 당신의 뒤를 따라올 수 있도록 성장하라.

14. 거룩한 투자자가 되라

    시골 의사로 유명한 박경철 씨는 그의 저서 「자기혁명」에서 "과연 청춘은 발산하는 것인가?"라고 질문한다. 청춘은 혈기로 가득한 때이다. 뭐든지 치고 박고 도전해 보고 싶은 때이다. 그러나 청년의 시기에 발산만 할 수 있는 것은 아니다. 그는 청년 시기에 해야 할 일은 '발산'이 아니라 '응축'이라고 말한다. 그 이유는 20대에 준비하지 않으면 30대에 질주할 힘이 없기 때문이다. 그는 사회에 나가 준비한 모든 것을 쏟아 내려면 20대에 지구력과 근력을 키워야 한다고 주장한다.

    신앙의 세계에서도 이 말은 통한다. 하나님의 비전을 이룬 사람들은 하나같이 '응축의 시간'을 보냈다. 응축의 시간이 있어야 지속적인 돌파가 가능하다. 바울도 이를 알고 있었다. 바울은 신앙 생활에서 변치 않는 한 가지 법칙을 소개한다. 바로

심은 대로 거두는 법칙이다. 하나님의 비전을 품고 있는가? 그렇다면 그 비전을 성취하기 위해서 해야 할 일은 심는 일이다. 평생을 심으며 거두는 삶은 복이 있다. 10대를 주님께 심어서 20대에 거두고, 20대를 주님께 심어서 30대에 거두자. 당신은 거두고 심는 삶을 통해 하나님의 비전에 점점 더 가까워질 것이다.

"너희는 죄가 너희 죽을 몸을 지배하지 못하게 하여 몸의 사욕에 순종하지 말고 또한 너희 지체를 불의의 무기로 죄에게 내주지 말고 오직 너희 자신을 죽은 자 가운데서 다시 살아난 자 같이 하나님께 드리며 너희 지체를 의의 무기로 하나님께 드리라" 롬 6:12-13.

"스스로 속이지 말라 하나님은 업신여김을 받지 아니하시나니 사람이 무엇으로 심든지 그대로 거두리라 자기의 육체를 위하여 심는 자는 육체로부터 썩어질 것을 거두고 성령을 위하여 심는 자는 성령으로부터 영생을 거두리라 우리가 선을 행하되 낙심하지 말지니 포기하지 아니하면 때가 이르매 거두리라" 갈 6:7-9.

하나님께서 우리에게 원하시는 삶은 죄를 심는 삶이 아니라 의를 심는 삶이다. 즉, 하나님께 드려진 삶이다. 이를 위해 하나님은 우리를 은혜로 구원해 주시고 성령으로 거듭나게 해주셨다. 하나님께 드려질 때 우리는 반드시 그에 합당한 열매를 거둘 것이다.

하나님께로부터 죄사함을 받았는가? 그렇다면 끝이 아니라 이제 시작이다. 이제는 자신의 인생을 하나님께 투자해야 한다. 거룩한 투자자가 되라. 이것이 우리를 향한 하나님의 뜻이다.

하나님의 손에 쓰임 받는 사람이 되기를 원한다면 바울이 제자 디모데에게 한 이야기에 주목하라. 디모데는 바울이 사랑하는 영적 아들이었다. 바울은 세상 누구보다 디모데가 하나님께 쓰임 받기를 소망했다. 그래서 바울은 어떻게 하면 하나님이 쓰시는 사람이 될 수 있을지 디모데에게 알려 주었다. 사랑하는 사람에게 주는 메시지는 간절하고 정직하다. 사랑하는 사람에게는 거짓을 말할 수 없다. 바울이 사랑하는 디모데에게 전한 이 메시지를 믿음으로 취해 순종한다면 하나님이 귀히 쓰시는 그릇이 될 것이다.

"큰 집에는 금 그릇과 은 그릇뿐 아니라 나무 그릇과 질그릇도 있어 귀하게 쓰는 것도 있고 천하게 쓰는 것도 있나니 그러므로 누구든지 이런 것에서 자기를 깨끗하게 하면 귀히 쓰는 그릇이 되어 거룩하고 주인의 쓰심에 합당하며 모든 선한 일에 준비함이 되리라 또한 너는 청년의 정욕을 피하고 주를 깨끗한 마음으로 부르는 자들과 함께 의와 믿음과 사랑과 화평을 따르라"딤후 2:20-22.

하나님이 쓰시는 사람은 누구인가? 간단히 말하면 하나님이 쓰시기 편하도록 준비된 사람이다. 정욕을 피하고 의와 믿음과 사랑과 화평을 따르는 사람이다. 하나님은 이런 사람을 통해 역사하신다. 당신의 삶과 시간, 능력과 열정을 하나님께 쓰임 받는 일에 투자하라. 하나님은 반드시 그러한 투자자를 사용하신다.

세상의 많은 사람들이 자신의 힘과 능력, 시간과 열정을 성공을 위해 투자한다. 좀 더 나은 직장과 돈, 권력과 명예, 넓은 집을 위해 끊임없이 투자한다. 영원하지 않은 것들에 미친 듯이 투자한다. 그러나 세상에서의 성공이 하나님의 뜻을 이루는 도구가 아닌 목적이 되는 삶은 허무하다. 그것은 성도의 삶이 아니다. 성도는 오직 하나님만이 목적이 되는 삶을 살아야 한다. 하나님으로부터 나온 목적이 아닌 것은 다 허무하다. 우리의 삶의 목적은 하나님의 뜻을 이루는 것이다. 우리에게 주신 하나님의 사명을 성취하는 것이다. 이것을 위해서 성공이 필요하다면 성공을 추구할 수도 있다. 그러나 분명한 것은, 세상적인 성공은 상황에 따라 과정이 될 수는 있어도 인생의 궁극적인 목표는 될 수 없다는 것이다.

영원한 하늘나라를 꿈꾸고 있는가? 그렇다면 이 땅에서 영원한 하늘나라를 소망하며 주님이 주신 사명을 위해 준비하라. 우리는 거룩한 투자자가 되어야 한다. 세상의 성공을 위해 시간과 정성을 드리는 사람들보다 더 헌신적으로 우리 삶을 주님께 드려야 한다. 그래야 영적 돌파가 일어난다. 이것이야말로 하나님이 분명히 약속하시고 권고하신 투자가 아닌가? 믿음으로 우리의 전부를 하나님께 드릴 때 주님이 주시는 영생과 상급을 거두게 될 것이다.

민수기 6장을 보면 나실인의 서원이 나온다. 나실인은 누구인가? 자신의 몸을 구별하여 하나님께 드린 사람이다. 그들에 대한 말씀을 읽으면 그것만으로도 가슴이 뜨거워진다.

> "이스라엘 자손에게 전하여 그들에게 이르라 남자나 여자가 특별한 서원 곧 나실인의 서원을 하고 자기 몸을 구별하여 여호와께 드리려고 하면"민 6:2.

민수기 6장은 "여호와께 드리려고 하면"이라는 구절이 반복해서 나온다. 이 세상에서 흑암의 권세를 깨고 하나님의 비전을 성취하는 사람은 누구인가? 바로 세상과 구별되어 하나님께 자신을 드리는 나실인이다. 하나님의 일을 위하여 자신의 모든 것을 투자하고 영생과 영원한 나라를 기대하며 자신을 하나님께 드리는 사람만이 돌파를 이루어 낼 수 있다.

바울은 다음과 같은 삶을 권한다.

"형제들아 내가 하나님의 모든 자비하심으로 너희를 권하노니 너희 몸을 하나님이 기뻐하시는 거룩한 산 제물로 드리라 이는 너희가 드릴 영적 예배니라 너희는 이 세대를 본받지 말고 오직 마음을 새롭게 함으로 변화를 받아 하나님의 선하시고 기뻐하시고 온전하신 뜻이 무엇인지 분별하도록 하라"롬 12:1-2.

바울은 우리의 몸을 "하나님이 기뻐하시는 거룩한 산 제물로 드리라"고 말한다. 즉, 거룩한 투자자가 되라는 말이다. 청년의 시기를 주님을 위해 드리라. 절대 후회하지 않을 것이다.

믿음으로 자신의 삶을 하나님께 드린 한 청년을 알고 있다. 그는 고등학교 때 하나님을 인격적으로 만났다. 이후 신학교에 진학해 자신의 청년기를 학교와 교회로 채웠다. 또래 청년들이 세상의 갖가지 즐거움을 누릴 때, 그는 도서관과 기도원, 교회를 다니며 기도하고 말씀 보고 말씀을 전파했다.

그런데 그가 20대 후반이 되었을 때 시험이 찾아왔다. 갑자기 또래 친구들처럼 살지 못한 것이 후회되기 시작한 것이다. 그때 그는 기도의 자리로 향했다.

"하나님, 제 20대가 다 지나가고 있습니다. 인생에서 가장 아름다운 시기라는데 저는 아무것도 즐기지 못하고 보낸 것 같습니다. 그전까지는 이런 마음이 없었는데 왠지 모르게 요즘에는 아쉬운 마음이 듭니다."

한참 후 하나님께서 그의 마음 가운데 세미한 음성으로 이렇게 말씀하셨다고 한다.

"네가 가장 아름다운 시간에 다른 사람들처럼 놀지 못한 것을 아쉬워하느냐? 사람들과 놀며 보내는 것도 가치 있게 느껴진다면 그 시간 동안 나와 함께했다는 건 얼마나 큰 가치가 있겠느냐? 나는 너의 가장 아름다운 시간을 받았단다."

그는 '왜 그렇게 어리석은 생각을 했을까' 부끄러워하며 감사의 제목을 불평의 제목으로 삼은 것이 후회되었다. 그는 그제야 하나님께 드린 시간이 그 어느 것에 투자한 시간보다 가치 있음을 깨닫게 된 것이다.

타협할 수도, 포기할 수도 없는 하나님의 꿈을 가지고 있는가? 그렇다면 거룩한 투자를 하라. 하나님의 일을 위해 자신을 드리자. 하나님께 드려진 청춘, 하나님께 드려진 청년이 되어 돌파하라.

PART 03
모든 상황을
돌파로 지배하라

15. 기도로 돌파에 불을 붙여라

기독교 부흥의 역사를 살펴보면 온통 기도 이야기로 가득하다. 믿음의 길을 걸어간 사람의 삶도 마찬가지다. 주의 사명을 감당하는 과정에서 기도를 빼면 우리는 그 어떤 이야기도 할 수 없다.

기독교 역사 속에 가장 강력한 부흥의 시기였던 초대교회를 살펴보자. '기도행전'이라고 불릴 정도로 사도행전에 기록된 초대교회 성도들은 모든 문제를 기도로 돌파했다. 그들은 하나님의 비전을 이루기 위해 기도를 가장 강력한 무기로 삼았다.

예수님은 승천하시기 전에 "성령으로 세례를 받으리라"는 약속과 "땅끝까지 이르러 내 증인이 되라"는 사명을 제자들에게 주셨다. 그 뒤 제자들은 무엇을 했는가?

"여자들과 예수의 어머니 마리아와 예수의 아우들과 더불어 마음을 같이하여 오로지 기도에 힘쓰더라"행 1:14.

제자들은 성령으로 세례를 주시겠다는 하나님의 약속을 기다리며, 오로지 기도에 힘썼다. 당신 삶에도 오로지 기도에 힘썼던 시간이 있었는가? 초대교회 사역의 능력은 바로 여기에서 비롯되었다. 그들은 기도하고 나서 가룟 유다를 대신할 사도를 뽑았다. 기도는 그들 삶의 기초석이었다.

성령충만을 받은 베드로의 설교를 통해 3천 명이 회개하고 세례를 받았다. 그들은 이후에 어떻게 살았는가?

"그들이 사도의 가르침을 받아 서로 교제하며 떡을 떼며 오로지 기도하기를 힘쓰니라"행 2:42.

초대교회는 오로지 기도하기를 힘쓰는 사람들의 모임이었다. 구원받고 그들이 한 일은 기도에 힘쓰는 일이었다. 그들이 돌파해야 할 세상은 우상으로 가득했고 황제 숭배가 팽배했고 예수님을 인정하지 않는 유대인들로 가득했다. 그래서 그들은 다른 무엇보다 기도에 힘썼다. 우리도 하나님의 비전을 이루기 위해 세상으로 나아가야 한다. 그러나 세상은 결코 만만하지 않다. 하나님을 인정하지 않는 세상의 문화는 지금도 변한 것이 없다. 그러기에 우리에게도 여전히 기도가 필요하다.

사도들은 복음을 전파하기 위해 계속 돌파를 시도했다. 그 결과 유대 지도자들과 충돌했고, 그들은 복음 전파를 금지했다. 이에 초대교회는 어떻게 대응했는가?

"그들이 듣고 한마음으로 하나님께 소리를 높여 이르되"행 4:24.

그들의 대응 방법은 역시 기도였다.

"어떻게 세상이 하나님께서 보내신 예수님을 대적합니까? 하나님, 우리를 향한 위협을 보시고 우리로 하여금 담대하게 말씀을 전하게 해 주옵소서."

그들은 기도로 모든 상황을 돌파했다. 하나님의 비전을 성취하려고 할 때 우리 앞에도 장애물이 있을 수 있다. 그때 우리가 사용해야 할 무기는 기도이다. 하나님의 능력을 다운로드 받는 기도이다. 그것이 돌파의 가장 강력한 무기이다.

기도는 돌파하게 하는 힘이다. 돌파에 불을 붙이는 시발점이다. 무슨 일을 하든 성도는 하나님을 찾고 구하는 것으로 일을 시작해야 한다. 교회도 기도로 시작되었고 성령의 역사도 기도로 시작되었다. 이 시대를 사는 우리 역시 기도로 그 걸음을 내

딛어야 한다. 내 힘으로 해보려다가 한계에 부딪혀 뒤늦게 주님을 찾는 경우가 얼마나 많은가? 그러나 초대교회 성도들은 가장 먼저 주님의 도우심을 겸손히 구했다. 그들은 기도가 다른 무엇보다 하나님이 주신 가장 강력한 도구임을 알고 있었다. 우리도 초대교회 성도들이 보여 준 발자취를 뒤따라가야 하지 않겠는가?

이스라엘 백성들이 경험한 두 가지 위대한 구원 역사가 있다. 하나는 출애굽기에 기록된 애굽으로부터의 구원이다. 출애굽기는 이스라엘 민족이 처했던 암울한 시기에서부터 시작된다. 그들은 애굽에서 종살이를 하고 있었다. 고된 종살이를 견디다 못해 그들이 한 일은 무엇인가?

"이스라엘 자손은 고된 노동으로 말미암아 탄식하며 부르짖으니 그 고된 노동으로 말미암아 부르짖는 소리가 하나님께 상달된지라"출 2:23.

하나님을 향해 부르짖은 일이었다. 그들은 하나님의 구원하심을 간절하게 부르짖었고, 하나님은 역사하셨다. 그들의 기도를 들으신 하나님은 광야에서 40년을 준비시켰던 모세를 부르셨다. 출애굽의 시작은 이스라엘 백성들의 기도, 하늘을 향한 부르짖음에서 시작되었다.

또 하나의 구원 역사가 있다. 포로로 끌려간 이스라엘 민족이 하나님의 기적적인 역사로 다시 예루살렘으로 귀환하면서 성전과 성벽을 재건한 것이다. 그 일에 느헤미야가 귀하게 쓰임받았다.

느헤미야가 바사의 수산궁에 있을 때, 한 형제가 느헤미야에게 예루살렘의 소식을 전해 주었다. 예루살렘에 있는 사람들이 환난을 당하고 능욕을 받고 있다는 소식이었다. 더불어 예루살렘 성이 무너지고 성문은 모두 불타버렸다는 가슴 아픈 소식도 들려 주었다. 느헤미야는 이 소식을 듣자마자 뜨거운 무언가가 마음속에서 치밀어 올랐다. 하나님의 구원 역사를 갈망하는 마음이었다. 이때 느헤미야는 금식하며 기도했다.

"내가 이 말을 듣고 앉아서 울고 수일 동안 슬퍼하며 하늘의 하나님 앞에 금식하며 기도하여"느 1:4.

민족의 문제 가운데 구원의 역사를 보길 원했던 느헤미야는 기도부터 했다. 그러자 하나님의 역사가 시작되었다. 느헤미야는 하나님의 도우심으로 왕에게 예루살렘의 사정을 이야기할 수 있는 기회를 얻었다.

이렇게 이스라엘이 경험한 두 번째 구원 역사도 기도에서 시작되었다. 성경에서 중요한 돌파의 순간에는 항상 기도가 있었다. 하나님의 꿈을 향해 달려가는 출발점에는 기도가 있었다. 하나님의 꿈을 성취하기 원한다면, 돌파의 엔진을 장착하기 원한다면, 하나님 앞에 무릎을 꿇고 간구하라. 이것이 성경이 제시하는 돌파의 방법이다.

예수님의 공생애에서 가장 중요한 사역은 바로 십자가였다. 그분은 친히 우리의 대속 제물이 되어 주시기 위해 이 땅에 오셨다. 십자가는 그분이 이 땅에 오신 목적이었다. 하나님과 인간의 관계를 잇는 영원한 제사, 닫혀진 장막을 여는 영원한 제물, 바로 이 모든 것이 십자가에 달려 있었다. 그렇다면 예수님은 자신에게 주어진 마지막 사명을 감당하시기 위해 무엇을 하셨는가?

"예수께서 힘쓰고 애써 더욱 간절히 기도하시니 땀이 땅에 떨어지는 핏방울같이 되더라"눅 22:44.

예수님은 사명의 길에서 기도로 첫발을 내딛으셨다. 십자가의 시작도 기도였다. 겟세마네 동산에서 땀이 핏방울같이 될 정도로 간절히 드리셨던 기도가 바로 예수님께서 사명을 성취하실 수 있는 원동력이었다.

기도의 사도 E.M. 바운즈는 "모든 성업의 기초에는 항상 기도가 강한 원동력 가운데 하나로 작용했다"고 말했다. 기도가 어떤 상황에서도 돌파의 시작인 것은 아무리 강조해도 지나침이 없다. 기도로 시작하고 찬송과 감사로 마무리하는 삶, 그것이 성도의 삶이다.

지금 당신은 무엇으로 하나님의 비전을 이루려 하고 있는가? 하루의 시작을 기도로 열라. 오늘의 사명을 위해 새벽 시간을 기도로 채우라. 학교로 향하는 차 안에서 하나님의 인도하심을 받는 하루가 되기를 기도하라. 수업 시간을 기도로 시작하라. 회사의 업무를 기도로 시작하라. 만사의 시작을 기도로 하라. 기도는 밥 먹기 전에 잠시 자신이 그리스도인임을 기억하기 위한 수단이 아니다. 기도는 우리를 향한 하나님의 계획을 열어주는 문이다. 하나님의 축복을 가져오는 통로다. 하나님의 비전을 성취하고 흑암의 권세를 내쫓는 무기다. 이 위대한 무기를 가지고 있는 것만으로 만족하지 말고 적극적으로 사용하라. 어둠의 세력들에게 기도로 전쟁을 선포하라. 기도의 나팔을 불어라. 기도를 통해 세상이 당신을 주목하게 하라.

16. 패배의 기억을 지배하라

프로야구팀들은 시즌을 마치면 새로운 시즌을 준비하기 위해 동계훈련에 돌입한다. 그런데 하위권에 머물렀던 팀들은 해야 할 일이 하나 더 있다. 실패의 기억을 지우는 일이다. "지난 시즌은 실패했지만 올해는 다를 것이다."라는 각오가 기본적으로 장착되어 있어야 다음 시즌을 준비할 수 있다.

롯데 자이언츠는 1999년과 2000년에 2년 연속 포스트시즌에 진출하며 좋은 분위기를 이어가고 있었다. 그러나 이듬해 2001년, 팀을 이끌던 주전 포수가 경기 중에 갑자기 심장부정맥으로 쓰러지고, 팀을 이끌던 감독도 시즌 중에 심장마비로 세상을 떠나는 일이 발생한다. 그 후 팀은 7년간의 기나긴 암흑기를 거쳤다. 이 기간에 롯데 자이언츠는 8개 팀들 중 '8888577'8위 4번, 7위 2번, 5위 1번이라는 참담한 성적표를 받았다. 그 여파로 선수들은 패배주의에 사로잡혔다.

그때 외국인 감독이 부임했다. 제리 로이스터 감독이 팀을 위해 제일 먼저 한 일은 패배의 기억을 지우는 일이었다. 그는 패배주의에 빠져 있는 선수들에게 '우리도 할 수 있다'는 가능성을 불어넣어 주었다. 선수들이 잘한 점이 있으면 과도하다 싶을 정도로 박수쳐 주며 그들을 격려했다. 그러자 팀 분위기가 확실히 달라지기 시작했다. 꼴찌 팀이었나 싶을 정도로 한번 해보자는 분위기가 강하게 팀 전체를 사로잡았다. 시즌 중 어려운 일을 만날 때마다 이러한 팀 분위기는 패배주의를 극복하는데 일조했다. 결국 그해 롯데 자이언츠는 7년의 암흑기를 마감하고 포스트시즌에 진출했다. 패배의 기억에 지배당했을 때 그들은 만년 하위권에 머물렀지만, 패배의 기억을 지배한 이후부터는 4강에 오르는 저력 있는 팀이 되었다.

하나님은 주의 백성들이 패배의 기억에 지배당하기보다는 패배의 기억을 지배하고 앞으로 나아가기를 원하신다. 주의 백성은 후퇴하지 않는다. 가만히 머무르지도 않는다. 오직 앞으로 전진한다. 그런데 패배의 기억이 전진을 가로막을 때가 많다.

여호수아가 이스라엘의 지도자가 되었을 때, 하나님은 약속의 땅에 들어 가기에 앞서 여호수아에게 미래에 이루어질 비전을 보여주셨다. 사실 그들은 약속의 땅 앞에서 패배한 쓰라린 흔적을 갖고 있었다. 약속의 땅을 앞에 두고 하나님을 불신해 광야로 갔던 아픈 기억이었다. 그러나 하나님은 여호수아에게 패배의 흔적이 아닌 장차 이루실 비전을 보여주셨다.

"내 종 모세가 죽었으니 이제 너는 이 모든 백성과 더불어 일어나 이 요단을 건너 내가 그들 곧 이스라엘 자손에게 주는 그 땅으로 가라 내가 모세에게 말한 바와 같이 너희 발바닥으로 밟는 곳은 모두 내가 너희에게 주었노니 곧 광야와 이 레바논에서부터 큰 강 곧 유브라데 강까지 헷 족속의 온 땅과 또 해 지는 쪽 대해까지 너희의 영토가 되리라"수 1:2-4.

여호수아는 '약속의 땅' 앞에서 이미 실패를 경험한 사람이었다. 그것은 강력한 하나님의 사람 모세도 실패한 일이었다. 하나님은 패배에 익숙해진 여호수아가 약속의 땅으로 백성들을 이끌고 들어가도록 도우셨다. 패배의 흔적이 아닌 미래의 비전을 보여주셨다.

하나님은 여호수아에게 "강하고 담대하라"고 세 번이나 연속해서 말씀하신다. 패배의 기억을 지배할 수 있는 사람으로 만들어 주신 것이다. 그 결과 그들은 믿음으로 요단강을 건넜고 믿음으로 여리고 성으로 나아갔다. 눈앞에 놓인 장애물을 믿음으로 돌파해냈다.

    이집트에서 노예 생활한 출애굽 1세대들은 패배의 기억에 사로잡혀 자신들은 아무것도 할 수 없을 것이라고 생각했다. 그것은 하나님에 대한 불신앙으로도 이어져 하나님의 비전을 성취할 수 없게 만들었다. 원인은 외부에 있는 장애물 때문이 아니라 그들 내부에 있는 패배주의라는 장애물 때문이었다.

    물론 여호수아에게도 위기가 있었다. 여호수아와 그의 백성들은 여리고 성의 승리 후 이어진 아이 성 전투에서 처참하게 패배했다. 패배의 원인은 여호와의 말씀에 순종하지 않은 아간의 죄 때문이었다. 여호수아와 이스라엘 백성들은 이 일에 대해서 슬퍼하고 괴로워했다. 그때 그들을 지배한 감정 역시 "우리는 또다시 죄로 무너지는가? 불신앙으로 무너지는가? 이제 약속의 땅에 갈 수 없는가" 하는 패배감과 두려움이었다. 지금까지 느낀 모든 불안이 되살아날 수도 있는 위기였다. 이때 하나님은 여호수아에 뭐라고 말씀하셨는가?

"여호와께서 여호수아에게 이르시되 두려워하지 말라 놀라지 말라 군사를 다 거느리고 일어나 아이로 올라가라 보라 내가 아이 왕과 그의 백성과 그의 성읍과 그의 땅을 다 네 손에 넘겨 주었으니 너는 여리고와 그 왕에게 행한 것같이 아이와 그 왕에게 행하되 오직 거기서 탈취할 물건과 가축은 스스로 가지라 너는 아이 성 뒤에 복병을 둘지니라"수 8:1-2.

하나님은 여호수아가 다시 패배의 기억에 사로잡히지 않도록 안심시켜 주시며 하나님의 도움으로 여리고 성을 정복했던 기억을 되살려 주셨다. 그러고는 다시금 미래의 비전을 제시하셨다. 하나님은 여호수아가 패배의 기억을 지배하는 사람이 되어 하나님의 비전을 성취하길 바라셨다. 그 결과 여호수아는 아이 성을 격파하고 하나님이 예비하신 약속의 땅의 주인공이 되었다. 이러한 하나님의 마음은 우리를 향해서도 변함없다.

누구에게나 실패와 패배의 기억이 있다. 문제는 그것을 지배하는가 그것에 지배당하는가이다. 지배한다면 돌파할 수 있다. 전진할 수 있다. 그러나 지배당한다면 돌파하기도 전에 패배주의가 살아나 아무것도 하지 못할 것이다.

패배주의는 지금처럼 취업이 어려운 시대에 청년들을 사로잡고 있는 사탄의 견고한 진 중 하나다. 시대가 어려워질수록 성공의 경험보다 실패의 경험이 많아진다. 청년들은 패배를 경험할수록 주저앉게 된다. 그러나 사회에 첫발을 내딛는 청년들에게 실패는 당연하다. 어찌 처음부터 승승장구할 수 있겠는가? 실패를 통해 성장하면 된다.

친한 친구가 3년 동안 취업에 실패했다. 사회에서 요구하는 학력에 미치지 못해 서류전형에서도 수없이 떨어졌고, 몇 번은 면접까지 갔으나 이런저런 이유로 끝내 취업을 못했다. 그는 기도하는 사람이었고 하나님의 비전을 품은 사람이었다. 그때 그 친구가 한 말이 아직도 기억에 남아 있다.

"계속 실패하니까 '나는 정말 안 되는 사람인가' 하는 생각이 자꾸 들어. 지금 내가 가장 힘든 것은 취업하지 못하는 현실이 아니야. 또 실패할까 봐 도전하기 두려운 게 가장 힘들어."

당시 그는 패배주의와 힘겹게 싸우고 있었다. 나는 그에게 성경 말씀을 통해 하나님의 함께하심을 계속해서 말해 주었다. 하나님이 한 사람을 사용하시기 전에 준비시키시는 과정을 전해 주었다. 이에 그는 다시 한 번 믿음으로 결단했고 얼마 지나지 않아 취업에 성공했다. 지금 그는 하나님의 비전을 품고 더 큰 그림을 그리고 있다. 그는 패배의 기억에 지배당할 뻔한 상황 속에서 하나님의 말씀을 붙잡고 그것을 지배한 것이다.

패배의 기억으로 괴로워하는가? 예전에 전도하다가 실패했던 경험, 주 안에서 교제하다가 실패했던 경험, 원대한 비전을 품었으나 어이없이 좌절하고 말았던 경험…. 이 모든 실패의 경험들을 당연하게 받아들였으면 좋겠다. 믿음의 여정에서 실패는 어찌 보면 당연한 과정이다. 처음부터 완벽할 수는 없다. 실패하면서 배우고 보완해 가며 성장하면 된다.

    우리에게 힘을 주시는 하나님의 말씀으로 패배의 기억을 정복하라. 패배의 기억이 우리의 돌파에 영향을 주지 못하게 하라. 패배의 기억을 지배하고 돌파하여 더 높은 비전을 향해 달려 나가라.

17. 위로부터 오는 능력으로 나아가라

하나님의 비전을 성취하기 위해서는 반드시 하나님의 도우심이 필요하다. 늘 사탄의 방해가 있기 때문이다. 세상의 권세를 잡은 사탄은 세상의 사람과 시대의 사상, 그리고 조직을 사로잡아 하나님의 뜻을 무너뜨리려 한다. 다음을 살펴보라.

첫째, 사탄은 세상을 통해 국가적인 박해나 조직적인 박해를 시도한다. 초대교회 성도들은 로마 제국과 유대인들의 박해를 받았다. 현 시대에도 국가적인 박해나 종교적인 박해가 있는 나라가 있다. 우리나라는 종교의 자유가 있지만 직장과 가정의 종교적 상황에 따라 그리스도인으로 살아가는 것이 힘들 때도 있다.

둘째, 사탄은 세상을 통해 사람들을 유혹한다. 사탄은 우리를 육체적인 쾌락에 빠뜨려 하나님 나라의 영원한 생명에 관심을 가지지 못하게 만든다. 성도가 유혹에 넘어가면 선한 영향력이 사라지고 그 안에 계신 예수 그리스도가 조롱당한다. 그래서 사탄은 할 수만 있다면 우리를 넘어뜨리려 한다.

셋째, 사탄은 거짓된 사상을 통해 사람들을 미혹한다. 하나님 없는 인간만의 유토피아를 꿈꾸게 한다. 물질이나 외면만을 중시하게 하고 비기독교적인 사상을 심어 하나님이 기뻐하시는 삶을 살지 못하게 만든다. 교회 안에서는 이단종파를 만들어 성도들을 미혹한다.

이러한 사탄의 역사 때문에 믿음의 사람들은 하나님의 도우심이 필요하다. 그렇지 않으면 어떻게 사탄의 방해 속에서 하나님의 비전을 성취할 수 있겠는가?

세상의 방해에 대한 하나님의 해결책은 무엇인가? 성령의 임재하심이다. 성령이 임하시면 하나님만이 주실 수 있는 분별력과 강인함, 담대함이 부어진다. 고난 속에서도 기쁨으로 사명을 감당할 수 있게 만드는 영적인 은혜가 부어진다. 바울은 에베소서를 통해 지혜로운 성도의 삶에 대해서 다음과 같이 말한다.

"술 취하지 말라 이는 방탕한 것이니 오직 성령으로 충만함을 받으라"엡 5:18.

이방인들은 술에 취해 분별력 없이 살아간다. 그러나 성도는 성령에 취하고 성령으로 충만해야 한다. 성령 안에서 분별력을 가지고 담대하게 살아가야 한다. 이것이 바울이 성도들에게 전하고 싶은 메시지였다. 성령의 충만함을 받고 위로부터 임하는 하나님의 능력을 덧입는 사람이 되라. 그것이 이 세상에서 믿음으로 승리하며 살아갈 수 있는 유일한 해답이다.

초대교회가 승리할 수 있었던 원동력은 어디로부터 왔는가? 위로부터 임한 하나님의 능력과 성령 충만함이었다. 초대교회는 성령 충만함으로, 하나님의 권능으로 비전을 향해 달려 나갔다.

> "홀연히 하늘로부터 급하고 강한 바람 같은 소리가 있어 그들이 앉은 온 집에 가득하며 마치 불의 혀처럼 갈라지는 것들이 그들에게 보여 각 사람 위에 하나씩 임하여 있더니 그들이 다 성령의 충만함을 받고"행 2:2-4.

하늘로부터 성령의 능력이 임할 때 하나님의 사람들은 각처에서 복음을 증거하며 주의 일을 감당해 나갔다. 그리고 그들을 통해 하나님의 나라가 확장되기 시작했다.

베드로와 요한은 복음을 전하다가 체포되어 다시는 전하지 말라는 협박을 받았다. 어떻게 그들은 그때 "다른 이로써는 구원받을 수 없나니 천하 사람 중에 구원을 받을 만한 다른 이름을 우리에게 주신 일이 없음이라"사 4:12고 선포할 수 있었던 것일까? 사람들은 베드로와 요한이 무식하고 학문 없는 사람인 줄 알았다. 그러나 그들이 복음을 선포하면 사람들의 마음에 감동이 임했다. 이것을 어떻게 설명할 수 있을까? 다음 성경 말씀이 모든 것을 해결해 준다.

"이에 베드로가 성령이 충만하여 이르되"행 4:8.

위로부터 능력이 임하면 박해를 받아도 담대해지고 지혜로워진다. 이것이 세상을 이기는 하나님의 방법이다.

초대교회는 계속 박해를 받았다. 그럼에도 불구하고 믿음의 사람들의 돌파를 막을 수 없었다. 그들에게는 위로부터 임하는 강력한 힘이 있었기 때문이다. 그들은 계속해서 하나님의 복음을 전하며 나아갔다. 이처럼 그 강력함의 비밀을 발견한 시대는 주의 비전을 성취했다.

"빌기를 다하매 모인 곳이 진동하더니 무리가 다 성령이 충만하여 담대히 하나님의 말씀을 전하니라"행 4:31.

스데반은 예수님의 제자도 아니었고 사도로 부름받은 사람도 아니었다. 그러나 그는 사람들이 반박할 수 없을 정도로 충만한 하늘의 지혜로 예수님을 전했다. 더욱이 그는 돌에 맞으면서도 예수를 증거할 만큼 담대했다. 이 강력한 돌파력에 대해 성경은 다음과 같이 전한다.

"스데반이 지혜와 성령으로 말함을 그들이 능히 당하지 못하여"행 6:10.

"스데반이 성령 충만하여 하늘을 우러러 주목하여 하나님의 영광과 및 예수께서 하나님 우편에 서신 것을 보고 … 그들이 돌로 스데반을 치니 스데반이 부르짖어 이르되 주 예수여 내 영혼을 받으시옵소서 하고 무릎을 꿇고 크게 불러 이르되 주여 이 죄를 그들에게 돌리지 마옵소서 이 말을 하고 자니라"행 7:55,59-60.

위로부터 임한 하나님의 능력이 스데반으로 하여금 끝까지 믿음을 지키고 하나님의 비전에 헌신할 수 있게 했다.

이방인을 위해 헌신한 사도 바울도 마찬가지였다. 그가 그리스도인들을 핍박하는 자리에서 그리스도를 전하는 사람이 되기까지 어떤 일이 일어났었는가? 그는 부활하신 예수님을 만난 후 시력을 잃은 상황에서 특별한 체험을 했다.

"아나니아가 떠나 그 집에 들어가서 그에게 안수하여 이르되 형제 사울아 주 곧 네가 오는 길에서 나타나셨던 예수께서 나를 보내어 너로 다시 보게 하시고 성령으로 충만하게 하신다 하니" 행 9:17.

아나니아가 안수하자 바울은 성령의 충만함, 위로부터 임하는 능력을 받았다. 그 결과 그리스도인들의 의심 섞인 반응과 어이없어 하는 유대인들의 반응에도 불구하고, 그는 이방인들에게 복음을 전하는 사명을 따라 복음을 전했다.

믿음의 본이 되시는 예수님의 돌파력도 하늘로부터 임하는 능력으로부터 비롯되었다. 예수님은 물로만 세례를 받으신 것이 아니었다.

"백성이 다 세례를 받을 새 예수도 세례를 받으시고 기도하실 때에 하늘이 열리며 성령이 비둘기 같은 형체로 그의 위에 강림하시더니 하늘로부터 소리가 나기를 너는 내 사랑하는 아들이라 내가 너를 기뻐하노라" 눅 3:21-22.

"예수께서 성령의 충만함을 입어" 눅 4:1.

예수님의 사역이 사탄의 역사라고 흠잡으려 했던 사람들이 있었다. 예수님은 그들을 향해 강력하게 말씀하셨다.

"내가 하나님의 성령을 힘입어 귀신을 쫓아내는 것이면 하나님의 나라가 이미 너희에게 임하였느니라 … 내가 너희에게 이르노니 사람에 대한 모든 죄와 모독은 사하심을 얻되 성령을 모독하는 것은 사하심을 얻지 못하겠고"마 12:28,31.

예수님은 그분의 사역이 성령에 의해 이루어 지는 역사라고 분명히 말씀하셨다. 성경은 우리에게 모든 돌파력의 근원은 위로부터 임하는 능력이라고 전한다. 이 성령 충만함이 있다면 세상이 어떠한 박해와 술수를 쓰더라도 능히 감당할 수 있다. 돌파하려는 우리에게 정말 필요한 것이 무엇인가? 성령의 충만함이다. 하늘로부터 임하는 능력이다.

하나님의 비전을 이루려는 일에 얼마나 많은 장애물이 다가오겠는가? 이는 성경의 역사를 살펴보면 예상할 수 있는 일이다. 이때 주저앉아 불평만 하며 있겠는가? 아니다. 이 모든 것을 담대하게 맞설 수 있는 능력을 품어야 한다. 바로 하늘로부터 임하는 능력이다. 믿음의 선조들 또한 성령의 능력으로 사명을 감당할 수 있었다.

하나님이 살아 계시다는 확신과 하나님이 함께하신다는 확신은 성령 충만할 때만 가질 수 있다. 사람의 다짐이나 의견은 흔들릴 수 있다. 그러나 위로부터 부어지는 확신은 흔들리지 않는다. 그러하기에 주의 길을 걸어가는 사람들은 이 확신을 갖기 위해 기도해야 한다. 예수님은 우리에게 성령을 주신다고 약속하셨다. 믿고 구하는 것이 우리의 사명이다.

"너희가 악할지라도 좋은 것을 자식에게 줄 줄 알거든 하물며 너희 하늘 아버지께서 구하는 자에게 성령을 주시지 않겠느냐 하시니라" 눅 11:13.

이 약속을 믿고 성령의 충만함을 늘 간구하라.

고난이 다가올 때 능히 이기고 싶은가? 그렇다면 하늘로부터 임하는 능력으로 충만하게 해달라고 간구하라. 유혹과 미혹, 핍박이 다가올 때, 그 모든 것을 능히 이기고 비전을 성취하기 원하는가? 그렇다면 승리의 비결인 하늘로부터 임하는 성령의 능력을 간구하라. 성령의 충만함을 받으면 우리가 하는 일의 모든 근원이 주님께 있음을 깨닫게 된다. 언제나 하나님께 연결되어 그분의 능력으로부터 멀어지지 말라. 그것이 승리의 비밀이요, 승리의 핵심이다.

18. 믿음의 눈으로 바라보라

2002년 월드컵은 우리나라 국민들에게 아름다운 추억을 선사했다. 월드컵이 열릴 때가 되면 스포츠 채널에서 그때 했던 경기를 재방송해 줄 때가 있다. 당시 대표팀 멤버들을 보면 정말 화려하다. 한국의 영원한 스트라이커 황선홍과 리베로 홍명보를 비롯해 박지성, 이영표, 안정환 등 한국 축구 역사상 가장 화려했던 스타들만 모아 놓은 것 같다.

그러나 당시 대표팀은 그리 화려한 멤버로 구성된 것이 아니었다. 박지성 선수도 그때에는 유럽 빅클럽의 멤버가 아닌 일본 프로리그에서 뛰는 무명 선수일 뿐이었다. 대부분의 선수들이 국내 K리그나 일본 J리그에서 뛰는 선수들이었다. 그나마 안정환만 이탈리아 페루자에서 뛰던 유일한 해외파였다.

반면 상대팀이었던 이탈리아, 포르투갈, 스페인 등의 선수

진은 화려했다. 국민들은 그저 어떻게든 16강에만 들어가 개최국의 체면을 살릴 수 있기를 바랐다. 공동 개최국인 일본팀보다 잘하기만 해도 되었다. 이것이 당시 우리나라 대표팀을 보던 시각이었다.

그러나 단 한 명, 히딩크 감독만이 우리 대표팀이 세상을 놀라게 할 것이라고 호기 있게 말했다. 월드컵을 준비하며 가진 경기에서 5대 0으로 대패하면서도 그는 시간이 지나면 대표팀이 강해져 있을 것이라고 장담했다. 선수들도 4강까지 가리라고는 상상하지 못했었다. 그러나 우리가 잘 아는 대로 월드컵 대표팀은 4강에 진출했다. 믿기 어려운 결과였다.

나는 예수님의 제자들을 볼 때마다 2002년 월드컵 대표팀을 떠올린다. 초대교회의 수장인 반석 베드로, 초대교회의 쌍두마차 야고보와 사도 요한 등 모든 제자가 순교자의 삶을 살았다. 복음으로 세상을 뒤흔들 라인업으로 부족함이 없는 그들이었다.

그러나 당시에도 그렇게 느껴졌을까? 전혀 아니었다. 제자들 가운데 4명은 사회적으로 인정받지 못하던 어부였다. 유대인들에게 매국노 취급을 당하던 세리도 있었다. 다른 제자들도 별반 다를 바 없었다. 그들은 갈릴리 출신으로서 업신여김을 당했다. 그나마 사회적으로 가장 인정받던 사람은 유일하게 갈릴리 출신이 아니었던 가룟 유다였다.

마가복음에서 예수님의 제자들을 소개하는 본문을 보면 이름만 쭉 나열되어 있다. 난 그 이유가 무엇일까 곰곰이 생각해 보았다. 고민 끝에 내린 결론은 다음과 같다. 그들은 소개할 만한 경력이나 업적이 별로 없었던 것이다. 그래서 기껏해야 누구의 아들, 어디 출신이라는 설명이 전부였던 것이다. 이것이 예수님의 열두 제자들의 현실이었다. 아무도 그들을 주목하지 않았고 그들이 무슨 일을 하게 될지도 전혀 신경 쓰지 않았다.

그러나 오직 한 분 예수님만은 제자들을 향해 다른 시각을 가지고 계셨다. 그들은 예수님을 따라다니면서도 여전히 자신의 성질을 절제하지 못했고, 세상의 가치관을 가지고 서로 높아지려고 했으며 믿음도 연약했다. 그럼에도 불구하고 예수님은 그들을 향해서 이렇게 말씀하셨다.

"내가 네게 이르노니 너는 베드로라 내가 이 반석 위에 내 교회를 세우리니 음부의 권세가 이기지 못하리라 내가 천국 열쇠를 네게 주리니 네가 땅에서 무엇이든지 매면 하늘에서도 매일 것이요 네가 땅에서 무엇이든지 풀면 하늘에서도 풀리리라"마 16:18-19.

모든 사람이 베드로를 전직 어부, 혈기 왕성한 시골 사람으로 취급할 때 예수님은 그를 교회의 기둥이 될 사도로 바라보셨다. 베드로 스스로도 자신을 그렇게 볼 수 없었던 때에 예수님은 그렇게 보셨다.

요한복음 14장을 보면 빌립은 예수님이 하나님의 아들임을 알지도 못하고 "주여, 아버지를 우리에게 보여 주옵소서"라고 구했다. 이에 예수님은 또 한 번 놀라운 말씀을 하셨다.

"내가 진실로 진실로 너희에게 이르노니 나를 믿는 자는 내가 하는 일을 그도 할 것이요 또한 그보다 큰 일도 하리니"요 14:12.

아직 예수님이 누구인지 알지도 못하고, 믿음도 연약하고, 담대하지도 못하고, 혈기 왕성하고, 서로 높아지려고 하는 제자들을 향해 하신 놀라운 약속의 말씀이었다.

실제로 역사는 어떻게 흘러갔는가? 볼품없던 제자들은 예수님의 말씀대로 초대교회의 증인이 되었고, 예수님이 하셨던 일을 행했으며, 때로는 예수님이 하신 일보다 더 큰 일을 감당했다. 그들이 기도할 때 병자들이 치유되었다. 그들이 전한 복음은 예루살렘을 넘어 대제국 로마를 정복했으며, 이방 각처로 퍼져 나갔다. 하나님은 그들을 참으로 위대하게 사용하셨다.

예수님의 제자들이 권능을 가지고 사역할 때 유대인들의 반응은 어떠했는가? 그들은 무식한 줄만 알았던 제자들이 충만한 지혜를 갖고 있는 사실에 놀라움을 금치 못했다. 그렇다면 과연 예수님과 사람들의 시각에는 어떤 차이가 있길래 예상과 전혀 다른 결과가 나왔을까?

당시 사람들은 그들의 현실에 초점을 두었지만 예수님은 그들의 가능성에 초점을 두셨다. 예수님은 비록 연약하나 성령이 함께하시면 얼마든지 훌륭하게 쓰임 받는 사람이 될 수 있음을 아셨다. 하나님의 손에 붙잡히는 순간 변화될 것을 아셨다.

우리에게는 세상을 보는 두 가지 안경이 있다. 하나는 현실을 보는 안경이다. 나는 이 안경이 필요하다고 본다. 현실을 부인하는 신앙은 반드시 문제를 일으키기 때문이다. 우리는 현실을 부정하면 안 된다. 모든 믿음은 현실을 인정함에서 시작한다. 현실을 분명히 앎에서 시작한다. 현실을 바로 보지 못하면 그는 공상가일 뿐이다.

그러나 현실의 안경만 쓰고 있는 사람은 매력적이지 않다. 밤낮 부정적인 의견만 펼쳐 놓을 것이 분명하기 때문이다. 꿈은 현실적으로 불가능해 보일 때가 많다. 그렇기 때문에 현실만 보이는 안경을 낀 사람은 죽었다 깨어나도 돌파하지 못한다. 모든 것이 불가능해 보이기 때문이다.

하나님 나라가 완성되는 것이 현실적으로 가능한가? 현실적으로 보면 불가능한 일이다. 예수님은 부활하신 후 제자들에게 "너희는 가서 모든 민족을 제자로 삼아라"고 말씀하셨다. 이게 믿음 없고 단점 투성이인 제자들에게 어울리기나 한 명령인가? 예수님이 보는 눈이 없으시든, 제자들이 원래는 천재인데 지금까지 아닌 척 속이며 살아왔든 둘 중 하나일 것만 같다. 유대인들만 제자로 삼으라고 했어도 어이가 없었을 텐데, 예수님은 제자들에게 '모든 민족'을 제자로 삼으라고 명령하셨다. 그러나 이렇게 말씀하실 수 있었던 이유는, 그분께는 안경이 하나 더 있었기 때문이다. 바로 '믿음의 안경'이다. 믿음으로 봐야만 보이는 부분이 있다.

"믿음은 바라는 것들의 실상이요 보이지 않는 것들의 증거니" 히 11:1.

믿음으로 보면 바라는 것들, 보이지 않는 것들이 보인다. 하나님이 함께하시면 불가능한 일도 가능하게 보인다. 하나님의 비전을 품고 돌파하기를 사모하는 자들이 써야 하는 안경이 바로 이것이다. 믿음의 안경이 있어야 돌파의 시동을 걸 수 있다.

하나님의 비전이 마음속에 심겨지면 처음에는 뭐든지 할 수 있을 것 같다. 그러나 조금만 정신을 차리면 수많은 현실의 벽들이 보이기 시작한다. 그러면 '내가 이루어지지도 않을 꿈을 꾸었다'라고 생각할지도 모른다. 그러나 기억하라. 하나님의 비전은 현실적인 사람에 의해 이루어지지 않고 꿈꾸는 사람을 통해서 이루어진다.

수련회 때 열심히 부르짖어 성령 충만해졌어도 현실로 돌아오면 대학 등록금을 위해 일해야 하고, 취업 될 기미가 보이지 않는 것이 우리의 현실이다. 사랑하는 사람과 믿음의 가정을 꿈꾸며 교제하지만, 함께 기도하기는커녕 작은 오해로 다투고 삐지는 것이 현실이다. 초대교회처럼 성령 충만한 공동체를 이루어 보자고 도전하지만, 제자훈련을 받으며 예습조차 제대로 못하는 것이 현실이다. 현실 앞에서 우리는 그저 연약하고 무력한 존재임을 깨닫게 된다.

그러나 이 모든 연약함과 부족함에도 불구하고 믿음으로 바라보고 시작하라. 더딜지라도 하나님의 때에 그분께 붙잡혀 있다면 변화의 열매는 풍성할 것이다.

비전을 향해 나아가기 위해 우리는 하나님이 함께하시면 뭐든지 가능하다는 확신을 가져야 한다. 주변에서 뭐라고 생각하든, 어떤 한계를 지어 놓았든 상관없다. 믿음의 안경으로 주님의 능력을 바라보라. 예수님은 그토록 별 볼 일 없어 보이던 제자들에게 세계 선교의 사명을 맡기셨다. 그들과 함께하시며 하늘의 능력을 부어 주셨고, 하나님의 일을 이루셨다.

　예수님은 죽음을 이기시고 부활하셨다. 부활의 능력은 현실을 부정하는 것이 아니라 현실을 뛰어넘는 것이다. 우리가 품어야 할 능력이 바로 부활의 능력이다. 지금 당신의 모습이 비록 부족하고 별 볼 일 없다 할지라도 문제될 것 없다. 이 능력을 의지해 꿈꾸며 나아간다면 하나님이 이루실 것이다. 우리에게 믿음, 그것만 있다면….

19. 비교하지 말고 사명을 붙잡아라

다음 이야기를 읽어 보라.

하나님께서 세 명의 천사를 땅에 보내시며 각각 다른 역할을 주셨다. 한 명에게는 왕, 다른 한 명에게는 왕궁에서 행정을 담당하는 일꾼, 마지막 한 명에게는 아침 일찍부터 왕궁을 쓸고 닦는 청소부의 역할을 맡기셨다.

만약 당신이라면 어떤 사명을 받고 싶은가? 일반적으로 왕이 되면 제일 좋을 것이라고 생각한다. 천사들도 그랬을까? 아니다. 세 천사들은 기뻐하며 그들에게 맡겨진 일에 최선을 다했다. 그들의 자리에서 하나님의 성품을 드러내며 열심히 일했다. 왕이 되었다고 교만해지지도 않았고, 궁에서 허드렛일을 한다고 좌절하지도 않았다. 그럼 세 천사는 자기가 맡은 일에 어떻게 기쁨으로 집중할 수 있었을까?

그 비밀은 '소명감'에 있었다. 세 천사에게는 어떤 일을 하느냐가 중요하지 않았다. 내가 어떤 일을 하는가 보다 누가 나에게 그것을 맡겨 주었느냐가 더 중요했다. 그들에게 일을 맡긴 분은 하나님이셨다. 그들이 자신의 일을 소중히 여겼던 이유는 하나님이 그들에게 맡겨 주신 일이라는 소명 때문이었다. 아마도 그들은 자신들의 일을 마치고 바울과 같이 고백했을 것이다.

"맡은 자들에게 구할 것은 충성이니라"고전 4:2.

맨발의 전도자 최춘선 할아버지의 영상이 화제가 된 적이 있다. 그는 맨발로 지하철과 거리를 돌아다니며 복음을 전했다. 언뜻 보면 광인처럼 보였지만 영상을 통해 본 할아버지는 선지자처럼 하나님이 주신 사명에 순종하는 사람이었다. 이 영상이 화제가 된 후 인터넷 게시판에는 많은 사람들의 글이 올라왔다. "정신이 이상한 할아버지인 줄 알았는데 영상을 보면서 내가 어리석었음을 깨달았다"는 내용의 글이 많았다. 나는 최춘선 할아버지가 촬영 중에 김우현 PD에게 한 말이 아직도 기억난다.

"사명은 각자 각자입니다. 충성은 열매 가운데 하나요."

하나님의 비전을 향해 돌파하는 사람이 명심할 것이 있다. 그것은 다른 사람과 나를 비교하기보다 하나님이 주신 사명을 귀하게 여기고 충성스럽게 순종하는 것이다.

사명은 모두 다르다. 하나님이 각 사람을 다 특별하게 만드셨기 때문이다. 바울은 이것을 몸에 비유하여 고린도교회의 성도들에게 설명했다.

"몸은 하나인데 많은 지체가 있고 몸의 지체가 많으나 한 몸임과 같이 그리스도도 그러하니라 … 몸은 한 지체뿐만 아니요 여럿이니 만일 발이 이르되 나는 손이 아니니 몸에 붙지 아니하였다 할지라도 이로써 몸에 붙지 아니한 것이 아니요 또 귀가 이르되 나는 눈이 아니니 몸에 붙지 아니하였다 할지라도 이로써 몸에 붙지 아니한 것이 아니니 만일 온몸이 눈이면 듣는 곳은 어디며 온몸이 듣는 곳이면 냄새 맡는 곳이 어디냐 그러나 이제 하나님이 그 원하시는 대로 지체를 각각 몸에 두셨으니 만일 다 한 지체뿐이면 몸은 어디냐 이제 지체는 많으나 몸은 하나라"고전 12:12-20.

우리는 한 성령으로 세례를 받아 한 몸이 되었다. 그러나 누군가는 손의 역할을 해야 하고, 누군가는 발의 역할을 해야 한다. 하나님이 맡겨 주신 직분과 은사가 다 귀하지만 세상의 시각으로 보면, 누군가는 좀 더 주목받는 것 같고 누군가는 드러나지 않아 보인다.

교회에서 보면 앞에 나와 설교를 하고 찬양을 인도하는 사람들이 더 주목을 받는다. 반면에 교회 안에서 조용히 기도하고 섬기는 사람들은 별로 주목받지 못한다. 또한 세상의 낮은 자리에서 섬기는 사람들도 주목받지 못한 채 사명이 다할 때까지 고생만 하는 경우가 많다.

그러나 주의 사명을 세상 기준에 따라 판단해서는 안 된다. 사명은 하나님께서 그분의 나라를 이루시기 위해 우리 각자에게 맡겨 주신 일이다. 그러므로 우리는 오직 하나님 앞에서 판단받을 것을 기억하고 충성해야 한다.

문제는 내 사명을 다른 사람의 사명과 비교하는 데서 시작된다. 누군가와 비교하면 내 사명이 초라해 보이고, 내가 부족한 사람 같아 좌절감에 빠지기 쉽다. 심하면 내 사명을 포기할 수도 있다. 왜 이런 일이 일어 나는가? 옆을 보았기 때문이다.

반면 사람들에게 주목 받고 각광 받는 사명을 가진 사람들은 교만에 빠지기 쉽다. 그래서 더욱 더 조심해야 한다. 그들의 문제는 자신이 남들보다 잘나서 나은 일을 하고 있다는 착각에 빠질 경우에 생긴다. 교만이 그 마음속에 들어가면 반드시 넘어지게 되어 있다.

따라서 다른 사람과 비교하는 일은 돌파를 막는 장애물이 된다. 하나님이 내게 주신 사명만을 붙잡고 충성스럽게 나아가라.

목회자의 사명이 있으면 전도자의 사명이 있다. 설교자의 사명이 있으면 중보자의 사명이 있다. 도시 교회의 사명이 있으면 농촌 교회의 사명이 있다. 이것들은 서로 비교 대상이 아니다. 중요한 것은, 이것이 하나님께서 맡겨 주신 사명인지, 이곳이 하나님이 보내신 사명지인지의 여부이다.

요한복음 21장을 보면, 예수님은 그분을 세 번 부인한 베드로에게 찾아오셔서 사명을 주시는 장면이 나온다. 예수님은 베드로가 어떤 사명을 감당하며 하나님께 영광을 돌리게 될지에 대해 말씀하셨다.

> "내가 진실로 진실로 네게 이르노니 네가 젊어서는 스스로 띠 띠고 원하는 곳으로 다녔거니와 늙어서는 네 팔을 벌리리니 남이 네게 띠 띠우고 원하지 아니하는 곳으로 데려가리라 이 말씀을 하심은 베드로가 어떠한 죽음으로 하나님께 영광을 돌릴 것을 가리키심이러라 이 말씀을 하시고 베드로에게 이르시되 나를 따르라 하시니"요 21:18-19.

여기서 베드로가 "아멘" 하고 순순히 따랐다면 아름답게 마무리됐을 것이다. 그러나 그때 베드로는 갑자기 요한의 사명이 궁금해졌다.

"이에 베드로가 그를 보고 예수께 여짜오되 주님 이 사람은 어떻게 되겠사옵나이까"요 21:21.

예수님은 사명을 비교하는 것이 아무 유익이 없음을 아셨다. 그래서 베드로를 향해 이렇게 말씀하셨다.

"예수께서 이르시되 내가 올 때까지 그를 머물게 하고자 할지라도 네게 무슨 상관이냐 너는 나를 따르라 하시더라"요 21:22.

"나를 따르라", 이것 하나면 충분하다. 어떤 직장에 있든지 다른 사람과 자신을 비교할 필요 없다. 그곳에서 예수님을 따르라. 어느 학교에 다니든 전공이 무엇이든 그것은 중요하지 않다. 그곳에서 예수님을 따르라. 하나님이 사명지를 옮기신다면, 옮겨진 그곳에서 예수님을 따르라. 그것이 돌파하는 자의 모습이다.

베드로는 열정적이었고, 바울은 논리적이었으며, 요한은 신비스러웠다. 베드로와 바울은 순교했고 요한은 순교하지 않은 것으로 전해진다. 베드로와 요한은 유대 그리스도인들을 섬겼고, 바울은 이방인 그리스도인들을 섬겼다. 각기 사명은 달랐지만 그들은 하나같이 하나님의 손에 붙잡혀 귀하게 쓰임 받은 사람들이었다. 가장 중요한 것은 그들 모두 자신에게 맡겨진 사명을 붙잡고, 예수님을 신실하게 따르는 사람들이었다는 점이다.

인생에서 우리가 선택할 수 있는 영역은 생각보다 많지 않다. 국적, 피부색, 부모 등은 모두 우리가 선택한 것이 아니다. 태어날 때부터 우리에게 주어진 것이다. 우리가 인생에서 선택할 수 있는 것은 주어진 상황에서 어떻게 대처하는가이다.

중요한 것은 하나님이 우리를 사랑하신다는 것과 사랑하는 자에게 사명을 맡기신다는 것이다. 다른 사람과 나 자신을 비교하여 무엇이 부족한지 또한 넘치는지 알아보려고 하지 말라. 오직 내가 섬기는 이들에게 무엇이 부족하고 넘치는지에 대해서만 알아보라. 우리의 사명은 우리 자신을 위한 것이 아니라 섬김을 위한 것이고 몸된 교회를 위한 것이다. 구원이 필요한 세상을 향한 것이고 하나님의 영광을 위한 것이다.

우리가 기억해야 할 것은 남보다 잘되는 것이 아니다. 예수님이 예비해 놓으신 십자가의 길을 따라가는 것이다. 예수님이 우리의 삶에 심어 놓으신 계획을 이루는 것이다. 그것이 우리의 사명이다. 주님의 길로 나아가자.

20. 항상 인생의 마지막을 생각하라

당신의 인생을 한번 돌아보라. 다시 그때로 돌아갈 수만 있다면 바로잡고 싶은 일이 있는가?

이와 관련하여 내가 경험한 한 가지 신비한 사건을 나누고자 한다. 나는 천국 체험을 무시하지는 않지만 신봉하지도 않는다. 모든 체험은 각각 유익이 있지만, 반드시 하나님이 허락하신 말씀을 기준으로 분별되어져야 한다. 또한 신앙생활은 신비한 체험을 하는 것이 아니라 말씀 위에 서서 믿음으로 걸어가는 것이다. 모든 영적 체험이 진리는 아니다. 분명 한계가 있다. 그러나 때에 따라서는 깨달음을 주는 귀한 통로라고 믿는다.

몇 년 전, 당시 나는 감기를 심하게 앓고 있었다. 열이 얼마나 심하게 났는지 약을 먹어도 정신이 오락가락할 정도였다. 이불을 덮고 낑낑대면서 괴로워하다가 순간 정신을 잃었는데, 어띤 강력한 힘에 이끌려 몸이 자꾸 밑으로 내려가는 것을 느꼈다. 무시무시한 속도였다. 그러나 온몸은 줄로 묶인 듯 움직일 수 없었고, 누군가 강력한 힘으로 계속 그 줄을 끌어당기는 듯했다. 그때 나는 본능적으로 알았다.

'내가 지금 끌려가고 있는 곳이 지옥이구나.'

나는 있는 힘을 다해 위로 올라가려 했지만 몸이 말을 듣지 않았다. 주위를 둘러보니 다른 사람들도 함께 무서운 속도로 끌려가고 있었다.

'지옥은 죄인을 끌어당기는구나. 자석과 같이 죄인을 강력하게 끌어당기는 힘이 있구나.'

그때 내가 할 수 있는 일이라고는 오직 예수님의 이름을 의지하는 것뿐이었다. 나는 간절히 나의 구주 예수님을 불렀다. 그때 놀라운 일이 일어났다. 믿음으로 예수님을 부르자마자 나를 밑으로 끌어내리려던 힘이 약해졌다. 얼마 후 그 힘은 완전히 사라졌다. 그 순간 어떤 강력한 힘이 나를 끌어올리기 시작했다. 위로 올라가면서 보니 다들 끌려 내려가면서 허우적거리고 있었다.

나는 이때 예수의 이름 앞에 모든 저주와 사망이 떠나가는 것을 체험했다. 예수 이름의 능력으로 나는 지옥에 끌려가지 않고 하늘 보좌 앞으로 올려졌다. 내가 그 순간에 '아, 내가 죽었나 보다. 이제 인생을 끝마치고 하나님 앞에 서는구나'라는 생각을 하고 있을 때, 하나님은 내 앞에 거대한 스크린을 두시고 어릴 때부터 지금까지의 모든 기억을 파노라마처럼 보여 주셨다.

하나님이 보여 주시는 내 삶을 지켜 보면서 나는 안타까움과 아쉬움을 느꼈다. '돈을 더 벌어서 편하게 살았어야 했는데', '많은 사람들에게 인기를 얻어서 영화를 누렸어야 했는데', '좀 더 기분 좋게 놀았어야 했는데', 이런 것에 대한 안타까움과 아쉬움은 맹세코 아니었다. 하나님 앞에서는 이 땅에서 아쉬워했던 부분이 이상할 정도로 생각이 안 나고 아쉽지도 않았다.

진짜 아쉬운 것은 따로 있었다. 크게 두 가지였다. 하나는 더 사랑하지 못한 것에 대한 아쉬움이었다. 좀 더 사랑하지 못한 것, 좀 더 섬기지 못한 것, 좀 더 용서하지 못한 것이 사무치게 아쉬웠다. 자존심 세울 필요도 없었는데 그깟 자존심 때문에 마음 열고 사랑하지 못하고, 먼저 손 내밀지 못하고, 좀 더 잘해주지 못한 것이 정말 아쉽고 안타까웠다.

또 다른 하나는 주님을 위해 좀 더 일하지 못한 것에 대한 안타까움이었다. 이렇게 일찍 주님 앞에 올 줄 알았다면 더욱 더 주의 일에 힘쓸 걸, 나는 시간이 많이 남았다고만 생각했다. 인간적인 배려를 한다고 좀 더 분명하게 복음을 전하지 못한 안타까움, 자존심 때문에 더 많이 복음을 전하지 못한 안타까움, 주를 위해 고난받기보다 영광스러운 자리에 머무는 것을 더 좋아했던 일들이 사무치게 안타까웠다. 이러한 안타까움을 느끼며 내 마음속에는 한 가지 소원밖에 없었다.

'이것이 정말 마지막이면 불평 없이 받아들여야 하겠지만, 다시 기회가 주어진다면 정말 잘 살 수 있을 텐데….'

그때 나는 "하나님 한 번만 기회를 주시면 안 될까요? 제발 한 번만 기회를 더 주세요"라고 부르짖다가 눈을 떴다. 온몸은 땀에 흠뻑 젖어 있었고 잘 움직여지지 않았다. 그러다가 점점 발가락과 손가락이 움직여졌다. 눈을 조심스럽게 떠서 천장을 바라보았다. 딱 한 가지 생각만 들었다.

'아, 살았구나. 하나님께서 나에게 한 번 더 기회를 주셨구나. 정말 감사하다.'

그때 나는 "하나님, 사랑만 하며 살겠습니다. 예수 그리스도만을 위해 살겠습니다"라고 결심했다.

생각해 보면 인생은 짧다. 우리 할머니는 아흔이 넘으셨다. 나는 간혹 할머니께 "지금까지 살아온 이야기 좀 해주세요"라고 부탁한다. 그러면 할머니는 늘 "눈 깜짝 할 사이에 지나가서 기억도 안 나"라고 대답하셨다. 이것이 가능한 말인가? 90년이 눈 깜짝할 사이에 지나가는 시간인가? 절대 아니다. 그러나 곰곰이 생각해 보면, 10년을 살았든 50년을 살았든 90년을 살았든 지나간 시간은 다 금방 간 것처럼 느껴진다. 그대가 몇 살이든 그만큼 산 것처럼 느껴지는가? 적어도 나는 아니다. 우리 아이가 태어난 지 2년이 지났지만, 내가 목사 안수받은 지 1년이 지났지만 마치 어제 일처럼 느껴진다. 고등학교 졸업한 지 10년이 지났지만 난 아직도 어제 일처럼 생생히 기억난다.

100년을 살았어도 영원에 비하면 우리 인생은 지극히 짧다. 이토록 짧은 인생을 사는데 후회할 일만 하는 것이 말이 되는가? 이 짧은 인생에 쓸모 없는 것을 채워 넣는 것이 말이 되는가? 그러나 여전히 우리는 짧은 인생 속에 무의미한 것들을 채워 넣고 있다.

짧은 인생을 살다가 하나님 앞에 섰을 때, 후회스러운 일들을 남기지 않으려면 어떻게 해야 하는가? 항상 마지막을 생각하며 오늘을 살아야 한다. 마지막을 생각하면 그동안 못한 일을 시작할 수 있다.

나는 삶의 마지막을 생각하면서 사랑만 하며 살겠다고 생각했다. 할 수만 있다면 사랑 아닌 다른 것으로 짧은 인생을 채우고 싶지 않다. 또한 예수님만 전하며 살아야겠다고 생각했다. 죽음 앞에서 인간을 구원할 것은 사람도 아니고, 사상도 아니고, 나라도 아니고, 도덕도 아니다. 오직 살아 계신 예수님뿐이다. 예수님만이 우리를 구원하신다. 하나님 앞에 설 때 우리는 예수님 말고는 붙잡을 것이 아무것도 없다. 참으로 예수님을 믿는 믿음만이 유일하고도 완전한 의다. 그 예수님을 전하며 살아가는 것이 가장 가치 있고 귀한 일이다.

예수님께서는 이방인이었던 백부장의 놀라운 믿음을 보시고, 유대인일지라도 믿음을 갖지 않은 사람은 마지막 때에 이를 갈며 울게 될 것이라고 하셨다.

"또 너희에게 이르노니 동 서로부터 많은 사람이 이르러 아브라함과 이삭과 야곱과 함께 천국에 앉으려니와 그 나라의 본 자손들은 바깥 어두운 데 쫓겨나 거기서 울며 이를 갈게 되리라"마 8:11-12.

마지막을 생각하지 못하고 예수님을 외면한 자는 결국 눈물을 흘리며 후회하게 될 것을 알려 주신 것이다.

누가복음에 나오는 거지 나사로와 부자의 이야기를 보아도 이것을 확인할 수 있다. 하나님의 심판을 무시한 채 세상에서 호화롭게 산 부자는 죽어서 음부로 떨어졌다. 그곳은 그가 손가락 끝에 물을 찍어 혀에 한 방울만이라도 떨어뜨려 달라고 사정할 정도로 고통스러웠다. 부자는 영원한 곳에 대해 무관심했던 것을 후회하며 아브라함에게 이렇게 부탁했다.

"아버지여 구하오니 나사로를 내 아버지의 집에 보내소서 내 형제 다섯이 있으니 그들에게 증언하게 하여 그들로 이 고통받는 곳에 오지 않게 하소서"눅 16:27-28.

당신에게 주어진 오늘 하루를 잘 살고 싶은가? 그렇다면 오늘 하루만 생각하지 말고 마지막을 생각하라. 정말 내가 해야 할 일이 무엇이고, 놓치지 말아야 할 일이 무엇인지 영원한 나라의 관점에서 생각하라. 그동안 이런저런 사정으로 하나님의 비전을 향한 돌파를 미루어 놓았는가? 그렇다면 인생의 마지막을 생각하라. 더 이상 미룰 수 없는 일들이 생각날 것이다. 그것을 시작하라.

인생의 끝을 생각하는 것은 언제 있을지 모를 일을 대비하기 위함이 아니다. 주어진 오늘을 잘살기 위함이다. 자신의 마지막이 어떠할지 아는 사람만이 자신에게 주어진 오늘을 어떻게 살아갈지 결정할 수 있다. 모든 인생은 언젠가 반드시 하나님 앞에 서게 된다. 이 사실을 분명히 기억하며 주어진 오늘 하루를 주님께 드리라. 현재의 삶은 영원의 삶으로 이루어짐을 기억하라.

21. 더듬거리며 나아가도 괜찮다

나는 '돌파'의 이미지를 떠올리면, 탁월한 축구 선수가 중앙선에서부터 공을 잡고 수많은 수비수들을 한번에 돌파하여 시원하게 골을 넣는 장면이 연상된다.

하나님의 비전을 성취하는 돌파가 이와 같다면 둘 중 하나의 결과를 맞이하게 될 것이다. 하나는 시대를 뒤흔드는 믿음의 용장이 되어 실제 그 장면을 연출하게 되는 경우이거나 다른 하나는 무언가 한방에 이룰 줄 알았다가 벽에 막혀 '역시 난 안되는구나' 하고 포기하는 경우이다.

실상 축구 경기를 보면, 누군가 공을 잡자마자 한 번에 수비벽을 뚫고 골을 넣는 장면은 별로 없다. 서로 공을 주고받으며 골을 넣을 좋은 기회를 모색하는 것이 일반적이다. 수도 없이 수비수들에게 막히고, 골대 앞까지 와서도 공을 뺏기는 경우가 다반사다.

우리의 삶도 마찬가지다. 하나님께서 비전을 주셨다고 해서 한 번에 모든 일이 일사천리로 진행되는 경우보다 드물다. 실패를 거듭하며 비전을 성취하는 경우가 더 많다. 그러나 분명한 것은 비전을 품고 꾸준히 돌파하면, 역사가 일어난다는 것이다.

히브리서 11장에는 믿음으로 살아간 하나님 나라의 영웅들이 나온다. 믿음의 조상 아브라함에 대한 이야기를 주목해 보자.

> "믿음으로 아브라함은 부르심을 받았을 때에 순종하여 장래의 유업으로 받을 땅에 나아갈 새 갈 바를 알지 못하고 나아갔으며"히 11:8.

아브라함은 믿음의 사람이었다. 그는 하나님의 부르심을 받았을 때 순종했다. 그러나 어디로 가야 할지 명확히 알지 못했다. 갈 바를 알지 못하고 더듬거리며 길을 찾아 나섰다. 그렇게 하나님이 약속하신 땅으로 믿음의 여정을 떠났다.

창세기 12장을 보면 하나님께서 아브라함을 부르시는 장면이 나온다. 먼저 1절을 보면 하나님께서는 아브라함에게 떠나라고 명하신다. 그러나 당황스럽게도 구체적으로 어디로 가라는 말씀은 없으시다.

"여호와께서 아브람에게 이르시되 너는 너의 고향과 친척과 아버지의 집을 떠나 내가 네게 보여 줄 땅으로 가라" 창 12:1.

하나님은 그저 "내가 네게 보여 줄 땅으로 가라"고만 하셨다. 하나님은 아브라함에게 복을 주시고 또 보호해 주실 것을 약속하셨지만 여전히 목적지에 대해서는 말씀하지 않으셨다.

아브라함은 아버지 데라와 함께 우르에서 살았었다. 그런데 아버지 데라가 갑자기 고향을 떠나 가나안으로 가자고 했다. 데라와 아브라함 일행은 가나안으로 향하던 중 하란에 머물었는데 그때 아버지 데라가 죽었고 아브라함은 그곳에 계속 머물렀다.

그때 하나님이 아브라함을 찾아오셔서 "너의 고향과 친척과 아버지의 집을 떠나"라고 말씀하셨다. 이것은 일단 하란에서 우르로 돌아가는 것은 분명 아니었다. 그래서 그는 아버지가 가려고 했던 가나안으로 향했다. 그가 가족들과 조카 롯을 데리고 가나안에 입성했을 때 하나님은 그에게 이렇게 말씀하셨다.

"여호와께서 아브람에게 나타나 이르시되 내가 이 땅을 네 자손에게 주리라 하신지라" 창 12:7.

결국 아브라함은 하나님이 복 주시기로 약속하신 땅을 찾아냈다. 나는 아브라함을 통해서 믿음의 여정은 길을 잘 알고 떠나는 것이 아니라 더듬거리며 찾아가는 것임을 깨달았다.

사람들은 인생의 마스터플랜을 손에 쥐고 싶어 한다. 그러나 인생은 그리 단순하지 않다. 하물며 이제 사회생활을 시작하는 청년들은 말해 무엇하겠는가? 수없이 착오를 겪기도 하고 이 길인가 싶었는데 저 길일 때도 있다. 하지만 하나님의 말씀을 믿고 더듬거리면서라도 비전을 이룰 방법을 찾아 돌파를 시작하는 것이 믿음이다.

나는 예수 그리스도를 구원자로 믿고 영접했다. 나는 예수님이 이 땅에 다시 오실 때 나를 영광의 나라로 영접해 주시리라 믿는다. 그러나 그 사이에 일어날 일들은 알지 못한다. 그럼에도 불구하고 예수님이 주신 약속을 믿고 더듬거리면서라도 돌파하는 것이 내 사명이다. 하나님이 주신 비전을 붙잡고 일단 부딪쳐 보는 것이다. 그러다 보면 하나님께서 길을 여시고 인도하신다. 하나님의 뜻이 보이기 시작한다.

초대교회 당시 유대 성도들은 예수 그리스도를 믿으면 이방인도 구원을 받는지 잘 몰랐다. 베드로도 성령의 역사를 따라 이방인 고넬료의 초청에 응하긴 했지만, 하나님이 왜 자신을 고넬료의 집에 보내시는지 몰랐다.

"이르되 유대인으로서 이방인과 교제하며 가까이 하는 것이 위법인 줄은 너희도 알거니와 하나님께서 내게 지시하사 아무도 속되다 하거나 깨끗하지 않다 하지 말라 하시기로 부름을 사양하지 아니하고 왔노라 묻노니 무슨 일로 나를 불렀느냐"행 10:28-29.

이에 고넬료는 하나님의 환상을 베드로에게 전하고 설교해 주기를 간청했다. 베드로가 설교를 마치자 놀랍게도 이방인들에게 성령이 임했다. 그들은 방언을 말하고 하나님을 높였다. 이에 베드로는 구원하심을 확인하고 세례를 베풀었다.

그러나 예루살렘에 있던 유대인들은 이 일을 이해하지 못했다. 그들은 베드로가 돌아오자마자 이방인들과 함께 했다고 비난했다. 그러자 베드로는 자신에게 일어난 일들을 설명했다. 모든 설명이 다 끝난 뒤 그들은 다음과 같이 고백했다.

"그들이 이 말을 듣고 잠잠하여 하나님께 영광을 돌려 이르되 그러면 하나님께서 이방인에게도 생명 얻는 회개를 주셨도다 하니라"행 11:18.

사도들도 모든 것을 완벽하게 알고 선교를 시작한 게 아니었다. 그들도 성령의 인도하심 가운데 더듬거리며 진리를 확인해 나갔다.

하나님의 비전을 위해 돌파해야 하는데 머뭇거리는 사람이 있다. 그들은 완벽하게 준비되고 계획이 철저히 세워진 뒤 시작하려고 한다. 그러면 평생 못한다. 부족하면 부족한 대로 일단 돌파를 시작하라. 더듬거리면서라도 하나님의 비전을 붙잡고 나아가면 하나님이 인도하시고 그분의 뜻을 밝히 보여 주신다.

믿음이란 그런 것이다. 하나님의 약속을 믿고 발을 내딛는 것이다. 하나님의 말씀을 의지하여 발걸음을 떼는 것이다. 그 속에 비치는 작은 불빛에 의지하여 한 걸음씩 나아가는 것이다. 그것이 믿음의 길이다.

모든 것을 알고 시작한다면 편하겠지만 그것은 믿음이 아니다. 하나님은 모든 일을 통해서 우리의 믿음을 성장시키길 원하신다. 그래서 앞이 보이지 않는 상황 가운데서도 용기 있게 걸음을 내딛으라고 하신다. 한 걸음씩 나아가면 그만큼 하나님의 새로운 역사하심과 인도하심을 경험하게 된다. 우리는 그 과정을 통해서 믿음으로 사는 법을 배우게 된다. 하나님을 의지하는 법을 배우게 된다. 완벽하지 않더라도 시작하고 돌파하라. 더듬거리며 나아가 하나님의 은혜를 경험하라.

단, 꾸준히 가라. 천천히 가도 괜찮다. 헤매도 괜찮다. 조금 쉬었다 가도 괜찮다. 그러나 끝까지 가라. 중도에 포기하면 아무것도 안 된다.

돌파의 과정은 사람마다 다르고 사명마다 다르다. 혼자 달리는 사람이 있는가 하면 함께 달리는 사람도 있다. 앞에서 달리는 사람이 있는가 하면 뒤에서 달리는 사람도 있다. 상관없다. 모두가 자기의 역량과 믿음의 분량 안에서 최선을 다하여 돌파를 시작하면 된다. 결국 하나님이 모든 것을 합력시켜 선을 이루실 것이다. 비전을 품고 끝까지 가면 반드시 이루어진다.

PART **04**

돌파, 사명을 향한 돌파구가 되다

22. 뿌리 깊은 나무가 오래간다

골프라는 이름조차 몰랐던 전라남도 완도 출신의 한 남자가 있었다. 그는 17세의 나이에 뒤늦게 골프를 시작했다. 하지만 프로골퍼에게 레슨을 받은 것도 아니었다. 그는 그저 잭 니클라우스의 골프강좌를 벗삼아 훈련했다. 그랬던 그가 한국을 대표하는 프로골퍼가 되어 미국 PGA투어에 한국인 최초로 이름을 올렸으며, 세계적으로 이름난 골프 선수들과 경쟁하여 우승을 차지했다. 그는 바로 프로골퍼 최경주 선수이다.

타고난 재능도, 뒷받침해 줄 만한 사람도 없던 그가 어떻게 지금의 자리에 오를 수 있었을까? 그 이유는 그가 끊임없이 땀 흘리며 돌파를 시도했기 때문이다. "신이 우즈를 선택했다면 최경주는 신을 감동시켰다"는 말이 나올 정도로 그는 성실하게 연습했다.

골프 선수는 일단 성공하고 나면, 정해진 경기 일정을 소화하는 것 외에는 별다른 통제가 없다. 어느 정도 실력이 쌓이면, 상금도 쌓이고 자연히 즐길 수 있는 것도 많아진다. 그 결과 많은 선수들이 유혹에 빠져 한순간에 필드에서 사라지는 경우가 종종 있다. 그러나 최경주 선수는 성공 후에도 무너지지 않았다. 그 비결은 그가 군더더기 없는 골프 중심의 삶을 살았기 때문이다.

골프 선수에겐 골프가 기본이다. 기본에 충실한 삶이 롱런한다. 영적인 삶도 마찬가지다. 누가 주님이 주신 비전을 능히 감당할 수 있는가? 바로 흔들림 없는 기본기를 갖춘 사람이다. 그리고 그 기본을 얼마나 꾸준히 붙잡고 갈 수 있느냐가 그의 삶을 결정한다.

초대교회는 사도들의 능력 있는 사역을 통해 엄청난 부흥을 맛보았다. 교회에 사람들이 차기 시작했고, 그만큼 사람들의 요구도 다양해졌다. 그래서 사도들의 사역도 그 요구를 충족시키기 위해 확장되었다. 그런데 어느 순간 감당하기 어려울 만큼 일도, 사람들의 불평도 커졌다. 그때 사도들이 결심한 것은 그들이 집중해야 할 기본으로 돌아가는 것이었다.

"우리는 오로지 기도하는 일과 말씀 사역에 힘쓰리라 하니"행 6:4.

그들은 봉사의 일을 감당할 집사들을 세워 교회의 이런저런 필요들을 채울 수 있게 했다. 그리고 나서 다시 능력의 근원인 기도하는 일과 사역의 핵심인 말씀을 전하는 일에 힘썼다. 본래 사도들이 해야 할 일에 집중하기로 한 것이다. 그 결과 어떻게 되었는가?

"하나님의 말씀이 점점 왕성하여 예루살렘에 있는 제자의 수가 더 심히 많아지고 허다한 제사장의 무리도 이 도에 복종하니라"
행 6:7.

하나님의 말씀이 점점 왕성해지고 제자들의 수가 심히 많아졌다. 허다한 제사장의 무리도 예수 그리스도에게 복종하게 되었다. 사도들이 기본으로 돌아가 핵심 사역을 회복했을 때, 그들의 사역에 열매가 더해졌다. 하나님의 영광이 드러나게 되었다.

하나님의 비전을 이루길 원한다면 기본에 충실하라. 받은 은사가 많으면 다양한 사역의 자리에 서는 것도 좋지만 중요한 것은 기본이 흔들리지 않는 것이다. 뿌리가 깊이 내리면 내릴수록 그 뿌리는 쉽게 흔들리지 않는다. 오래도록 열매 맺는다. 그러나 뿌리가 얕게 내려지면 약한 바람에도 쉽게 넘어진다.

그리스도인의 기본 뿌리는 무엇인가? 살아 계신 하나님과의 인격적인 관계이다. 이것이 온전히 서 있는 사람은 흔들리지 않는다. 기도와 말씀 속에 주님과 깊은 인격적인 관계를 맺고 있다면 그는 안전하다. 예수님은 이것을 포도나무와 가지의 비유를 통해 말씀하셨다.

"내 안에 거하라 나도 너희 안에 거하리라 가지가 포도나무에 붙어 있지 아니하면 스스로 열매를 맺을 수 없음 같이 너희도 내 안에 있지 아니하면 그러하리라 나는 포도나무요 너희는 가지라 그가 내 안에 내가 그 안에 거하면 사람이 열매를 많이 맺나니 나를 떠나서는 너희가 아무것도 할 수 없음이라"요 15:4-5.

하나님과의 인격적인 관계가 바로 서 있을 때 열매를 맺게 된다. 생명력이 있다. 살아 있으면 돌파하게 된다. 그러나 인격적인 관계가 사라지면 형식적인 종교 생활만 남게 된다. 생명력 있는 그리스도인의 삶이 사라진다. 서서히 침몰하는 배처럼 말이다. 배에 구멍이 뚫리면 얼마간은 버텨도 곧 가라앉게 될 것이다. 지금 당신의 상태가 이와 같다면 속히 주님께로 돌아가라.

빛과의 사귐이 사라지면 당연히 어둠이 몰려온다. 우리가 죄로부터 승리하고, 끊임없이 하나님의 비전으로 충만해지려면 빛에 가까이 가야 한다. 당신의 삶을 빛으로 충만하게 하라. 어둠이 당신 삶의 주도권을 잡지 못하도록 하라. 빛이신 주님이 당신의 주인이 되게 하라.

지금 당신의 삶 속에 빛이 사라지고 있는가? 어둠이 짙게 내리워져 있는가? 그렇다면 지금 당신은 하나님께로 돌아갈 때이다. 하나님께로 향할 때이다. 하나님과의 인격적인 관계에 우리의 생명이 달려 있다. 하나님과 친밀한 관계를 맺고 있다면 모든 것을 다 잃어도 소망이 있다. 그러나 하나님과 멀어졌다면 모든 것이 다 있어도 소용없다.

예수님이 요한을 통해 에베소 교회에 보낸 메시지를 보자. 에베소 교회는 많은 사역을 감당하고 있었다. 수고하고 인내하고 있었다. 뿐만 아니라 교회의 순결을 위해 악한 자를 용납하지 않았다. 이단적인 가르침과 전파자들도 용납하지 않았다. 그들은 예수님의 이름을 위하여 박해를 견뎠고 열심히 충성했다. 일반적인 눈으로 바라봤을 때 정말 모범적이다. 그러나 예수님은 에베소 교회를 향해 책망하셨다.

"그러나 너를 책망할 것이 있나니 너의 처음 사랑을 버렸느니라 그러므로 어디서 떨어졌는지를 생각하고 회개하여 처음 행위를 가지라 만일 그리하지 아니하고 회개하지 아니하면 내가 네게 가서 네 촛대를 그 자리에서 옮기리라"계 2:4-5.

에베소 교회는 외적으로 많은 사역을 감당하고 있었다. 하지만 예수님은 그 모든 것을 이어나갈 강력한 힘이 빠져 있음을 아셨다. 이는 주를 향한 사랑, 주님과의 인격적인 관계였다. 이것이 얼마나 중요한지, 예수님은 회개하고 첫사랑을 회복하지 않으면 촛대를 옮기시겠다고 말씀하셨다. 예수님은 에베소 교회가 잘되길 원하셨다. 어찌 몸 된 교회가 무너지는 것을 바라시겠는가? 그러나 이 상태로 가면, 그들이 잘 감당하고 있던 사역까지도 생명력을 잃을 것이 분명했다. 그래서 예수님은 첫사랑을 회복하라 말씀하신 것이다.

주님을 향한 사랑 없이도, 주님과의 관계 없이도 많은 사역을 아무 문제 없이 감당해낼 수 있다. 가르치는 일이나 찬양하는 일이나 리더의 자리나 혹 설교자의 자리일지라도 아무런 티 내지 않고 잘 감당할 수 있다. 그러나 사랑 없이 주님의 일을 감당하는 것은 비극이다. 이 말은 사역을 포기하라는 의미가 아니다. 첫사랑을 회복하라는 말이다. 첫사랑을 회복한 성도는 오래간다. 주님의 사랑을 경험했기에 더 뜨겁게 사랑할 수 있고, 주님의 능력을 경험했기에 더욱 강한 능력을 나타낼 수 있다. 그것이 축복이다.

명심하라. 사람의 눈에는 아무 문제 없어 보일지라도 주님은 다 아신다. 주님은 우리의 삶이 성냥불처럼 반짝 타오르다가 사라지는 것을 원하지 않으신다. 주님은 우리의 삶이 횃불처럼 오래도록 활활 타오르길 원하신다. 주님 앞에서 자신를 점검하라. 영적 기본이 무너지지는 않았는가? 하루를 기도와 말씀으로 시작하는가? 하나님의 말씀이 일상을 주장하는가? 하루를 주님께 감사하며 마무리하는가? 모든 일을 기도로 시작하는가? 주님의 임재를 의식하며 살아가는가? 이것을 점검하라. 주님은 우리가 강력한 힘으로 살아가길 원하신다. 돌파를 통해 하나님의 영광을 지속적으로 보길 원하신다.

뮤지컬 "드림걸즈", "캣츠" 드라마 "온에어", "스타일" 등에 출현하며 왕성한 활동을 펼치고 있는 배우 홍지민 씨의 저서 「청춘고민상담소」를 보면 그녀가 어떻게 뮤지컬 배우로 성장할 수 있었는지를 알 수 있다. 그녀는 대학을 졸업하고 극단에 들어가 뮤지컬 주연 배우를 꿈꾸었다. 하지만 늘 단역이 맡겨졌고 주연배우가 되는 길은 너무도 멀게 느껴졌다. 그런데 유명한 가수들이 뮤지컬 무대에서 단번에 주연을 맡게 되는 것을 보고 그녀는 먼저 가수로 성공해 보자고 결심했다. 그러나 음반 한 장 내보지 못하고 서른의 나이에 다시 뮤지컬 배우가 되기 위해 도전했다.

그때 그녀가 집중한 일은 뮤지컬 배우로서의 기본기를 갖추는 것이었다. 그녀는 기본기를 날마다 충실하게 갈고 닦았다. 그리고 이것은 그녀를 탁월한 뮤지컬 배우로 성장시키는 원동력이 되었다. 지금도 그녀는 기초 트레이닝을 한다.

별 볼 일 없어 보이지만 사실 가장 강력한 힘이 되는 것이 기본기다. 어느 정도 성장하면 필요 없는 것 같지만 실상은 가장 필요한 것이다. 기본기는 '뿌리'가 되기 때문이다. 하나님의 비전을 성취함에 있어서도 더 나은 자리와 기술, 은사가 필요한 것처럼 느껴질 수 있다. 그러나 아니다. 시간이 지날수록 우리가 더욱 집중해야 하는 것은 말씀과 기도 속에서 주님과의 인격적인 관계를 맺는 것이다. 오래가고 싶은가? 계속 가고 싶은가? 그렇다면 기본에 충실하라. 주님과 인격적인 관계 맺는 일에 그 어느 것과도 타협하지 말라. 그것이 생명이기 때문이다.

23. 낮아지는 자가 살아남는다

"저한테도 이런 좋은 상이 오는군요. 하나님께 감사드립니다. 전 항상 사람들에게 그래요. 일개 배우 나부랭이라고…. 왜냐면 60여 명 되는 스태프들이 멋진 밥상을 차려 놓으면 저는 맛있게 먹기만 하면 되거든요. 근데 스포트라이트는 다 제가 받아요. 그게 너무 죄송스러워요."

2005년 청룡영화제에서 남우주연상을 받은 황정민 씨의 유명한 '밥상' 수상 소감이다. 황정민 씨는 "너는 내운명"이라는 작품을 한 이후부터 흥행 배우가 되었고 정상급 연기파 배우로 발돋음했다. 그는 서울예술대학을 졸업한 후 오랫동안 연극 무대에서 실력을 쌓았고, 영화계에서도 조연부터 시작해 차근차근 단계를 밟아 왔다. 그는 노력하지 않고 갑자기 뜬 배우가 아니었다.

그럼에도 불구하고 그는 남우주연상을 받으며 그 모든 공을 하나님과 제작진, 상대 여배우와 아내에게 돌렸다. 그는 자신을 낮추었다. 사람들은 겉치레 인사말과는 다른 그의 인사말에 '그는 감사를 아는 배우구나', '그에게는 사랑을 주어도 배신당하지 않겠구나' 하고 신뢰감을 보였다. 지금도 그는 대중들에게 사랑받는 배우로서 탄탄한 연기 인생을 걸어가고 있다.

우리는 지금 자신을 어필하지 않으면 안 되는 시대에 살고 있다. 이러한 상황에서 자기 자랑은 필수이다. 그런데 그럴수록 겸손한 사람이 주목을 받는다. 하나님과 이웃에게 자신의 공을 돌리는 사람이 잔잔한 감동을 준다. 하나님의 꿈을 품고 나아가는 자는 고난도 겪지만 영광도 얻을 것이다. 하나님은 자신을 의뢰하며 따르는 자를 일으켜 세우시는 분이다. 그런데 바로 그때 계속해서 비전을 이루어 나아갈 수 있는 자는 겸손한 사람이다.

성경에 보면 하나님께서 기름 부어 세우셨지만 교만해져서 가진 모든 것을 잃어버린 사람이 나온다. 그는 이스라엘의 초대 왕 사울이다. 사무엘이 "하나님께서 너를 이스라엘의 왕으로 세우실 것이다"라고 했을 때 사울의 반응을 기억하는가? 그는 지극히 겸손했다.

"사울이 대답하여 이르되 나는 이스라엘 지파의 가장 작은 지파 베냐민 사람이 아니니이까 또 나의 가족 베냐민 지파 모든 가족 중에 가장 미약하지 아니하니이까 당신이 어찌하여 내게 이같이 말씀하시나이까 하니"삼상 9:21.

또한 사무엘이 사울을 이스라엘의 왕으로 공포하기 위해 모든 지파를 모았을 때 그는 숨었었다.

"베냐민 지파를 그들의 가족별로 가까이 오게 하였더니 마드리의 가족이 뽑혔고 그중에서 기스의 아들 사울이 뽑혔으나 그를 찾아도 찾지 못한지라 그러므로 그들이 또 여호와께 묻되 그 사람이 여기 왔나이까 여호와께서 대답하시되 그가 짐 보따리들 사이에 숨었느니라 하셨더라 그들이 달려가서 거기서 그를 데려오매 그가 백성 중에 서니 다른 사람보다 어깨 위만큼 컸더라"삼상 10:21-23.

그는 왕의 자리에 서기가 부끄러웠는지 짐 보따리들 뒤에 숨어 있었다. 이렇듯 그는 담력도 없고 자신감도 없는 사람이었다. 덩치는 다른 사람보다 컸지만 왕의 직분에 어울릴 만한 사람은 아니었다. 그러나 하나님은 그를 세우셨다. 처음부터 왕의 자리에 어울리는 사람은 없다. 하나님께서 왕에 어울리는 사람으로 만들어 가실 뿐이다. 처음부터 하나님의 사명에 어울리는 사람은 없다. 하나님의 능력으로 사명에 어울리는 사람이 되어 갈 뿐이다. 단, 겸손하게 하나님이 만들어 가실 수 있도록 자기 자신을 내어 드려야 한다. 그때 하나님은 능히 한 사람을 하나님 나라의 일꾼으로 키우신다.

부끄럼 많고 소심하던 그에게 하나님의 영이 임하자 어떻게 변했는가? 암몬 사람이 공격해 온다는 소식을 듣고 하나님의 영에 감동된 사울이 한 말을 들어보라.

"한 겨리의 소를 잡아 각을 뜨고 전령들의 손으로 그것을 이스라엘 모든 지역에 두루 보내어 이르되 누구든지 나와서 사울과 사무엘을 따르지 아니하면 그의 소들도 이와 같이 하리라 하였더니 여호와의 두려움이 백성에게 임하매 그들이 한 사람같이 나온지라" 삼상 11:7.

이 말만 들으면 그가 언제 짐 보따리들 뒤에 숨어 있던 사람인가 싶다. 그는 하나님의 영으로 담대해졌고, 하나님의 백성을 위기에서 건지는 일에 쓰임 받았다. 나약한 사울이 왕이 되는 것을 반대한 사람들의 불평도 쏙 들어갔다. 이후 그는 누가 봐도 왕의 자리에 어울리는 사람이 되었다.

하나님은 누구든지 사용하실 수 있다. 하나님의 은혜와 능력은 그만큼 강력하다. 세례 요한은 이스라엘 공동체에게 강력한 회개를 촉구했다. 그러나 그들은 자신들이 아브라함의 후손, 즉 하나님의 백성이기 때문에 회개할 필요가 없다고 생각했다. 세례 요한은 그들의 교만을 꾸짖으며 다음과 같이 말했다.

"속으로 아브라함이 우리 조상이라고 생각하지 말라 내가 너희에게 이르노니 하나님이 능히 이 돌들로도 아브라함의 자손이 되게 하시리라"마 3:9.

은혜는 하나님이 주신 특권이다. 사명을 위해 은혜를 주시는 것이라고 생각하면 그 은혜는 마르지 않는다. 그러나 이를 당연한 것으로 생각하고, 이를 통해 권세를 누리려고 하면 어느 순간 은혜는 사라져 버릴 것이다. 하나님은 어떠한 사람이든 사용하실 수 있다. 하나님께 쓰임 받는 사람 자체가 대단한 것이 아니다. 사람은 다 비슷하지 않은가? 우리는 모두 죄와 허물로 죽었던 사람이 아닌가? 마귀에게 종 노릇하던 사람이 아닌가? 그런 사람들을 통해 어떠한 일이 일어난다면, 그건 하나님이 대단하신 것이지 사람에게 어떤 능력이 있어서가 아니다. 만약 사울이 겸손한 마음을 끝까지 가지고 갔더라면, 이스라엘 역사 속에서 예수님을 예표하는 성왕으로 남았을지도 모르겠다. 그러나 그는 넘어지고 말았다.

이스라엘은 블레셋의 공격을 받게 되었다. 그때 사울은 3천 명 정도의 군대를 운용하고 있었는데, 블레셋은 병거가 3만, 마병이 6천 명이었다. 상대가 안되는 규모였다. 사울은 마음이 급해졌다. 백성들은 두려워서 그의 곁을 떠나갔다. 이때 사무엘이 하나님의 뜻을 전해 주면 그나마 안심이 됐을 텐데 아무리 기다려도 그는 오지 않았다.

이스라엘은 신정국가였다. 즉, 제사장을 통해 전해지는 하나님의 말씀으로 통치되는 나라였다. 왕은 하나님의 말씀을 실행하는 사람일 뿐이었다. 그것이 왕의 한계였으나, 사울은 도망가는 백성들을 다시 하나로 묶기 위해 왕의 권한을 무리하게 확대 해석했다. 자신이 직접 제사장의 자리에 올라 하나님께 번제와 화목제물을 드리며 전쟁의 승리를 기원했다. 겸손한 자는 자신의 한계를 기억하며 하나님의 말씀에 순종한다. 그러나 교만한 자는 하나님의 말씀을 무시한다.

사울은 한 민족의 왕이었지만 하나님 앞에서는 충성스러운 종일 뿐이었다. 그러나 그는 자신의 자리를 망각했다. 복은 은혜로 주어지지만 복을 지키는 것은 겸손이다. 은혜로 받은 복일지라도 우리가 겸손함을 잃어버리면 복은 화가 된다.

바울의 탁월함이 무엇인가? 그는 예수님의 사도로서 이방인들을 섬기는 놀라운 사명을 받았다. 그가 가는 곳마다 교회가 세워졌고, 하나님의 역사가 나타났다. 그러나 그는 항상 자신이 죄인임을 잊지 않았다. 모든 일이 주님의 자비와 능력임을 고백했다. 그의 삶의 마지막 때에 보낸 편지를 살펴보면 이를 분명히 알 수 있다.

"미쁘다 모든 사람이 받을 만한 이 말이여 그리스도 예수께서 죄인을 구원하시려고 세상에 임하셨다 하였도다 죄인 중에 내가 괴수니라 그러나 내가 긍휼을 입은 까닭은 예수 그리스도께서 내게 먼저 일체 오래 참으심을 보이사 후에 주를 믿어 영생 얻는 자들에게 본이 되게 하려 하심이라 영원하신 왕 곧 썩지 아니하고 보이지 아니하고 홀로 하나이신 하나님께 존귀와 영광이 영원 무궁하도록 있을지어다 아멘"딤전 1:15-17.

그는 하나님께 영광을 돌릴 줄 아는 사람이었다. 자신의 한계와 자신이 탐내지 말아야 할 것을 분명히 아는 사람이었다. 이것이 바울이 능력 있게 사역을 감당할 수 있었던 비결이었다. 그의 낮은 마음에 하나님의 은혜가 넘치도록 부어졌던 것이다.

베드로도 겸손에 대해서 동일하게 이야기한다.

"다 서로 겸손으로 허리를 동이라 하나님은 교만한 자를 대적하시되 겸손한 자들에게는 은혜를 주시느니라 그러므로 하나님의 능하신 손 아래에서 겸손하라 때가 되면 너희를 높이시리라"벧전 5:5-6.

돌파를 가능하게 하는 힘은 무엇인가? 주의 은혜이다. 그렇다면 주의 은혜를 지속하는 비결은 무엇인가? 겸손이다. 은혜는 위에서 아래로 흐른다. 낮은 자리를 떠난 자에게는 은혜의 공급이 끊어진다. 인간이 무엇을 자랑할 수 있겠는가? 하나님 앞에서 낮아지는 것을 떠나서 무엇을 할 수 있겠는가?

꺼지지 않고 활활 타올라 하나님의 영광을 보길 원한다면 겸손하라. 청년의 때에 작은 성공에 마음이 높아진다면 크게 성공하지 못할 것이다. 우리는 더 엎드리고 더 간구하고 더 낮아져야 한다. 하나님의 역사가 흥왕하면 할수록 우리의 마음은 더욱 더 낮아져야 한다. 교만은 항상 좋을 때 다가온다. 항상 아름다운 모습으로 다가와 우리를 무너뜨린다.

하나님의 기름 부으심은 낮은 곳으로 흐른다. 낮은 마음을 간직하라. 우리는 낮은 마음에 임한 하나님의 능력을 통하여 하나님의 영광을 보게 될 것이다.

24. 오히려 이용당하라

하나님의 비전을 이루려는 사람인지, 자신의 비전을 하나님의 이름으로 이루려는 사람인지 알 수 있는 기준은 무엇인가? 그것은 하나님을 이용하려고 하는가, 하나님께 이용당하려고 하는가쓰임 받기를 원하는가를 살펴보면 된다.

자신의 꿈을 위해 하나님을 이용하려는 사람들이 있다. 그들은 인생의 주인이 자기 자신이다. 하나님은 그들이 하고 싶은 것을 하기 위한 도구일 뿐이다. 그들은 아마 더 나은 도구가 나타나면 하나님과 상관없는 삶을 살 것이다. 그들은 엄청난 돈이 주어진다거나 강력한 조력자가 나타나면 더 이상 하나님을 의지하지 않을 것이다. 예수 그리스도를 믿는 사람들 가운데도 이러한 사람들이 있다.

반면 하나님의 비전을 이루려는 사람들의 가장 큰 특징 중 하나는 하나님께 이용당하고 싶어 한다는 점이다. 그들은 하나님께 쓰임 받고 싶어 한다. 하나님의 손에 붙들리고 싶어 한다. 별거 아닌 듯 보이지만 이것은 아주 큰 차이가 있다. 모든 인생의 주인은 하나님이시다. 하나님의 뜻을 이루어 가기 위해 주님께 자신을 도구로 드려 쓰임 받고자 하는 자는 복이 있다. 그래서 그들은 스스로 먼저 뜻을 정하고 하나님을 찾지 않는다. 언제나 하나님의 뜻과 꿈, 계획을 우선시한다. 그리고 하나님께 붙잡혀 산다.

하나님의 영광을 보길 원한다면 하나님을 이용하려 하지 말고 하나님께 철저하게 이용당해야 한다. 하나님을 이용하려는 사람들은 자신의 영광을 추구한다. 그것이 하나님 나라에 무슨 소용이 있겠는가? 그러나 하나님께 이용당한 사람, 하나님께 쓰임 받은 사람은 마지막에 하나님의 영광이 드러난다. 덤으로 하나님이 그의 이름도 높여 주신다. 스스로 낮추면 하나님이 높여 주신다.

사도행전을 보면 재미있는 일화가 하나 나온다. 빌립이 사마리아에 전도하러 갔을 때의 이야기이다. 그곳에는 마술사 시몬이 살고 있었다. 많은 사람들이 시몬의 마술 능력을 칭찬하며 그를 따랐다. 그런데 마술사 시몬보다 더 강력한 사람들이 등장하기 시작했다. 누구인가? 바로 사도들이었다. 빌립이 와서 하나님 나라와 예수 그리스도의 이름을 증거하기 시작하자 사람들이 모두 나와 예수님을 영접하고 세례를 받았다. 재미있는 것은 마술사 시몬도 세례를 받았다는 것이다. 그는 세례를 받은 후 빌립을 따라다녔다. 빌립의 곁에 머물면서 빌립을 통해 나타나는 표적과 큰 능력에 놀랐다.

마침 예루살렘에서 베드로와 요한까지 와서 사람들에게 안수해 주었다. 그러자 사람들이 성령을 받았다. 그런데 아마도 성령 받을 때 방언을 하는 등 표증이 나타났던 모양이다. 시몬이 그 표증을 보고 사도들의 특별한 능력에 관심을 가졌다. 그래서 시몬은 베드로에게 돈을 주며 부탁했다.

"시몬이 사도들의 안수로 성령받는 것을 보고 돈을 드려 이르되 이 권능을 내게도 주어 누구든지 내가 안수하는 사람은 성령을 받게 하여 주소서 하니"행 8:18-19.

이에 베드로는 격분하며 마술사 시몬에게 회개할 것을 촉구했다.

"베드로가 이르되 네가 하나님의 선물을 돈 주고 살 줄로 생각하였으니 네 은과 네가 함께 망할지어다 하나님 앞에서 네 마음이 바르지 못하니 이 도에는 네가 관계도 없고 분깃될 것도 없느니라 그러므로 너의 이 악함을 회개하고 주께 기도하라 혹 마음에 품은 것을 사하여 주시리라 내가 보니 너는 악독이 가득하며 불의에 매인 바 되었도다"행 8:20-23.

베드로는 심하다 싶을 정도로 시몬을 비난했는데 이것은 그를 향한 베드로의 사랑 표현이었다. 마술사 시몬은 예수님을 믿고 세례를 받고 주님께 쓰임 받기보다 사도들의 능력 그 자체를 원했다. 손만 대면 가시적인 현상이 나타나는 신비한 능력이 자기 것이 되길 원했다. 이는 마술사로서 신비한 능력에 대한 욕망을 버리지 못한 결과였다.

사도들과 마술사 시몬의 결정적인 차이가 무엇인가? 사도들은 하나님께서 주시는 능력을 통해 쓰임 받기를 원했고, 마술사 시몬은 하나님의 능력을 자기 것으로 삼고 싶어 했다는 것이다. 사도들은 이용당하길 원했지만 마술사 시몬은 이용하길 원했다.

목회자로 쓰임 받기 위해 준비할 때였다. 나는 하나님께 쓰임 받는 목회자가 되게 해달라고 기도드렸다. 그때 하나님께서 내 심령 가운데 세미한 음성으로 말씀하셨다.

"목회자는 하나님께 쓰임 받기 위해 사는 사람이다. 그런데 목회자가 되려는 사람들 중에 세상에서 못 이룬 꿈을 목회자가 되어 이루려는 사람이 있다. 목회를 빌미로 자기 욕심을 채우려는 것이다. 목회를 도구 삼아 자신의 명예와 권력을 취하고자 한다면 그 사람은 영원한 나라의 분깃을 얻을 수 없다. 나는 네가 나의 명예, 나의 영광이 드러나는 일에 네가 쓰임 받길 원한다. 자신의 명예를 위해 나를 이용하는 사람은 나를 잃어버리지만, 나를 위해 자신을 드리는 사람은 내가 그를 세울 것이다."

두렵고 떨리는 메시지였다. 그때 나는 처음으로 스스로를 정직하게 돌아보았다. 나의 사역의 근원은 어디에 뿌리 내리고 있는가? 나는 하나님을 이용하려고 했었는가, 하나님께 이용당하려고 했었는가? 이것은 우리가 평생 붙잡고 씨름하며 점검해야 할 부분이다. 사탄은 우리에게 속삭인다.

"세상의 중심은 너다. 하나님을 이용해서라도 네가 잘되면 된다."

그러나 하나님은 우리에게 말씀하신다.

"세상의 중심은 여호와 하나님이다. 하나님의 일에 너를 드려라. 하나님께 자신을 드리는 자는 후회하지 않을 것이다."

카이스트 박사, 스탠포드대학 포스트 닥터의 영예, 그리고 장래가 보장된 스탠포드 연구원 자리를 뒤로하고 중국 청소년들을 위해 자신을 드린 한 사람이 있다. 바로 최하진 선교사이다.

그러나 그도 처음부터 주님을 위해 자신을 드린 사람은 아니었다. 그는 '못해신앙'에서 출발해 발목 아래만 교회라는 물에 담가 놓고 세상을 사랑하며 살았다. 그는 당시 고스톱, 비싼 명품 오디오, 골프에 빠져 있었다. 인생을 즐기려고 발버둥 치고 있었다. 낮에는 점잖은 지식인으로 살았지만 밤에는 유흥의 물결에 휩쓸려 살아갔다.

그러던 어느 날 그는 데라가 죽고 아브라함은 떠나는 창세기 말씀을 묵상하고 있었다. 그런데 그때 그의 뇌리에 '떠남'이라는 메시지가 박혔다. 하나님은 그에게 "떠나라"고 말씀하셨다. 그는 그동안 자신이 얼마나 성공에 집착했는지를, 탐욕에 둘러싸여 있었는지를 깨달았다. 그 후 그는 주님께 자신의 삶을 드리기로 결단하고 중국으로 떠나 지금까지 그곳 청소년들을 섬기고 있다. 주님의 꿈을 품은 자들에게 하나님이 어떻게 역사하시는지 온몸으로 증거하는 삶을 살고 있다.

시대가 어둠에 덮였을 때도 하나님께 쓰임 받기를 사모하며 일어나는 믿음의 사람들이 항상 있었다. 그들은 자신의 꿈을 내려놓고 하나님의 꿈을 전달받았다. 하나님을 이용하려는 자리를 떠나 하나님께 이용당하는 자리로 나아갔다. 여기에 능력과 승리의 비결이 있다. 하나님은 내 꿈을 이루기 위한 도구가 아니시다. 내가 하나님의 꿈을 이루는 데 필요한 도구이다. 하나님을 내 손에 넣으려고 하지 말라. 오히려 하나님의 손에 붙잡히라.

예수님은 이미 돌파와 승리의 비결을 우리에게 알려주셨다.

"또 자기 십자가를 지고 나를 따르지 않는 자도 내게 합당하지 아니하나라 자기 목숨을 얻는 자는 잃을 것이요 나를 위하여 자기 목숨을 잃는 자는 얻으리라" 마 10:38-39.

예수님은 하나님의 뜻에 자신을 굴복시키셨다. 하나님의 뜻이 이루어지는 일에 자신을 도구로 드리셨다. 그것이 십자가이다. 예수님의 십자가를 통해 수많은 사람들이 하나님의 자녀가 되었고 죄사함을 받았다. 자기 십자가를 진다는 것은 자신을 위해 하나님을 이용하는 삶을 멈추는 것이다. 자기 십자가를 진다는 것은 하나님의 뜻을 위해 자신을 내어 주는 것이다. 다시 말해 하나님께 이용당하는 삶이다. 그러면 주님께서는 그 삶을 책임지시고 살리신다.

어떻게 하면 하나님을 이용하는 삶을 멈추고 하나님께 이용당하는 삶을 살 수 있을까?

"내가 그리스도와 함께 십자가에 못 박혔나니 그런즉 이제는 내가 사는 것이 아니요 오직 내 안에 그리스도께서 사시는 것이라"
갈 2:20.

예수님을 구원자로 믿는다는 것은 그저 천국 가기 위한 표를 얻는 것이 아니다. 예수님을 구원자로 믿으면 하늘나라는 물론이거니와 이 땅에서 하나님의 생명 가운데 살아갈 수 있다. 예수 그리스도의 십자가와 부활에 연합하는 자가 될 때 하나님은 우리를 사용하신다. 옛사람은 예수님과 함께 십자가에 못 박고, 예수님의 부활의 능력으로 살아가라. 그것이 십자가와 부활에 연합된 삶이다. 이런 사람들은 인생의 주인이 예수님이심을 안다. 예수님의 사랑과 부활의 능력이 그들을 통해 흘러나온다. 예수님의 겸손이 그들을 통해 흘러나온다.

당신 안에 부활의 생명이 있음을 믿는가? 예수의 생명이 있음을 믿는가? 예수님은 당신을 통해 세상에 드러나신다. 예수님은 당신을 통해 이 땅에 다시 사신다. 예수님은 돌파의 능력자이시다. 어떤 유혹도 예수님의 돌파를 막지 못했다. 우리가 예수님의 통로가 된다면 아무도 우리를 막지 못할 것이다. 예수께 붙잡힌 자가 되어 비전을 성취하라. 예수님께 맘껏 이용당하라. 그것이 축복의 길이다.

25. 실패, 아무것도 아니다

　미국의 유명 팝스타 저스틴 비버를 발굴한 프로듀서이자 싸이의 미국 현지 프로듀서인 스쿠터 브라운이 '유명한 실패자들'이라는 제목으로 트위터에 글을 하나 올렸다. 거기에는 성공한 유명인들의 실패 사례들이 적혀 있었다.

　"한 고등학교 농구 선수가 팀에서 퇴출당했다. 그는 집으로 돌아와 방문을 걸어 잠그고 펑펑 울었다. 그는 바로 NBA 최고의 스타 마이클 조던이었다. 상상이 안 가지만 그는 실패했었다.

　한 회사에서 상상력이 부족하다는 이유로 직원을 해고했다. 그는 바로 월트 디즈니였다. 어린이들이 마음껏 꿈꿀 수 있도록 상상의 나라를 만들어 주었던 그가 상상력 부족으로 해고됐다니 믿겨지지 않는다. 그러나 그도 실패했었다.

한 레코딩 회사가 어느 밴드의 노래를 듣고 '우리는 당신들의 음악이 마음에 들지 않는다. 당신들은 미래가 없다'고 평했다. 이것은 바로 영국의 자랑 비틀즈에 대한 평가였다."

나는 이 글을 보고 나서 두 가지에 놀랐다. 하나는 탁월한 그들도 실패를 경험했다는 것이었고, 또 다른 하나는 그럼에도 불구하고 그들이 지금의 자리에 올랐다는 것이었다.

누가 실패를 경험하고 싶겠는가? 아무도 없을 것이다. 그러나 실패는 낯선 손님이 아니다. 누구나 경험을 하기 때문이다. 그러니 실패했다고 해서 호들갑 떨 필요가 없다. 성공한 사람들의 이야기를 들어보면 그들도 수없이 많은 실패 속에서 성공을 거두었다. 큰 성공을 이룬 듯 보이지만, 범위를 인생 전체로 확장해 보면 성공보다 실패가 더 많다.

누군가는 "하나님의 비전을 품고 나아가는 길에 실패가 있을까요?"라고 묻는다. 없었으면 좋겠지만 성경에도 여러 실패 사례들이 나온다. 그러나 우리의 연약함과 부족함으로 인해 실패하더라도 하나님의 도우심으로 극복할 수 있다. 실패했다고 해서 주저앉아 있지 말라. 오히려 독기를 품으라. 다시 일어나서 부딪치면 된다.

성경의 인물들 중 가장 화려한 전쟁 프로필을 가진 사람은 여호수아이다. 그는 구약의 인물들 중 가장 다양한 전쟁에서 승리를 쟁취한 용사이다. 여호수아는 가나안 땅을 주시겠다는 하나님의 약속을 힘입어 가나안 땅의 족속들과 싸웠다. 난공불락의 요새, 여리고 성이 그 첫 상대였다. 여호수아는 하나님이 세워주신 전략에 따라 전쟁에 임했다. 그러자 그 누구도 침범할수 없을 것 같던 여리고 성이 무너졌다. 완벽한 승리였다. 이제 그의 앞길에는 승리만 있을 것 같았다.

그 다음 상대는 아이 성이었다. 아이 성은 여리고 성에 비하면 아주 작은 성이었다. 여호수아는 3천 명의 군사만으로 쉽게 승리를 얻으려 했다. 그러나 참패를 당했다. 그의 이력에 패배의 흔적이 남게 되었다.

패배 앞에 여호수아는 어떻게 대처했는가? 먼저 그는 슬퍼했다. 패배에 대한 아픔을 간직했다.

"여호수아가 옷을 찢고 이스라엘 장로들과 함께 여호와의 궤 앞에서 땅에 엎드려 머리에 티끌을 뒤집어쓰고 저물도록 있다가" 수 7:6.

실패는 아프다. 여호수아도 실패를 통해 자기 백성을 잃었다. 그리고 백성의 사기도 잃었다. 반대로 적들은 자신감을 얻었다. 한 번의 실패로 분위기가 변했다. 전쟁에서 분위기가 얼마나 중요한가? 실패에는 분명 아픔이 따른다. 그러나 아픔이 있기 때문에 변화될 수 있고 발전할 수 있다.

> "슬프도소이다 주 여호와여 어찌하여 이 백성을 인도하여 요단을 건너게 하시고 우리를 아모리 사람의 손에 넘겨 멸망시키려 하셨나이까" 수 7:7.

여호수아는 실패의 원인을 찾았다. 그것은 아간의 범죄 때문이었다. 아간은 여리고 성에서 탈취한 물건을 하나님께 온전히 드리라는 명령에 불순종했다. 그러나 이 일이 문제가 될 수밖에 없었던 근원적 이유는, 전쟁 전 여호와께 귀 기울이지 않은 여호수아의 교만함에 있었다. 그가 여리고 성 때와 같이 낮은 마음으로 주를 의뢰했다면 하나님의 놀라운 역사를 보았을 것이다. 그러나 아이 성 전투에서 그는 정탐꾼 몇 명을 보내고 그들의 의견에 따라 전쟁을 시작했다. 하나님께 묻고 기다렸다면 아간의 범죄도 알아냈을 것이고, 그렇다면 이렇게 허무하게 패배하진 않았을 것이다.

여호수아는 빠르게 뒷수습을 하고 다시 일어나 돌파의 선봉에 섰다. 이번에는 달랐다. "두려워 말고 놀라지 말라. 군사를 다 거느리고 일어나 아이로 올라가라"는 하나님의 말씀과 전략을 받은 후에야 전진하기 시작했다. 결과는 당연히 이스라엘의 승리로 끝났다. 여호수아는 한 번 실패했으나 그 실패를 교훈 삼아 그 후 일어나는 모든 전쟁에서는 승승장구할 수 있었다.

여호수아만 실패했는가? 성경에 보면 베드로도 실패했었다. 그가 예수님을 세 번 부인했다는 사실을 모르는 이는 없을 것이다. 베드로만 실패했는가? 나머지 제자들도 예수님이 잡히셨을 때 다 도망갔다. 그 누구도 실패에서 자유롭지 않았다. 그러면 베드로가 사도가 된 뒤에는 실패한 적이 없는가? 갈라디아서를 보면 베드로가 외식한 것에 대해 바울이 꾸짖는 내용이 나온다.

"나는 그들이 복음의 진리를 따라 바르게 행하지 아니함을 보고 모든 자 앞에서 게바에게 이르되 네가 유대인으로서 이방인을 따르고 유대인답게 살지 아니하면서 어찌하여 억지로 이방인을 유대인답게 살게 하려느냐 하였노라" 갈 2:14.

예수님 안에서 이방인이나 유대인이나 다 하나님의 백성임에도 불구하고, 베드로는 이방인들과 식사하는 중에 유대인들이 오자 비난받을 것이 두려워 자리를 피했다. 그는 복음의 진리와 반대되는 행동을 했다. 이렇듯 위대한 사도 베드로도 실패했었다.

실패가 우리 인생에 타격을 주는 이유는 우리가 실패를 과정이 아닌 결과로 보기 때문이다. 실패할 때 우리는 흔히 '난 이제 끝났어. 더 이상 소망이 없어'라고 생각한다. 그러나 한 번 실패했다고 해서 인생이 끝나는 것은 아니다. 전도했다가 괜히 관계만 틀어졌다고 전도를 멈추겠는가? 회사 면접에서 한 번 떨어지는 게 대수인가? 사랑한다고 고백했다가 차인다고 세상이 무너지는가? 승진에서 조금 밀렸다고 실패한 인생인가? 물론 창피할 수는 있다. 그러나 곧 잊혀진다. 1년만 지나도 주변 사람들은 다 잊는다. 돌파하여 극복할 때 실패의 아픔은 추억이 된다.

실패를 과정으로 보라. 기죽거나 주저앉지 말라. 실패를 통해 배우면 된다. 앞으로 승승장구할 비법을 배우면 된다. 하나님을 의지하지 않아서 무너졌다면 하나님을 의지해 다시 일어나면 된다. 죄의 유혹에 무너져서 대가를 치렀다면 성결함으로 다시 도전하면 된다. 노력이 부족했다면 더 노력해서 다시 돌파하면 된다.

나는 세 살된 딸이 있다. 딸아이를 키우면서 얻는 교훈들이 있는데 그중 하나가 성장하는 가운데 실패는 아무것도 아니라는 점이다. 딸아이가 돌이 가까워 오자, 걸으려고 수도 없이 노력했다. 초반에는 대부분 넘어졌다. 그러다 한 번은 크게 넘어져 나도 놀랐고 딸아이도 놀랐다. 나는 딸아이가 다시는 걸으려고 하지 않으면 어쩌나 걱정했다. 예상대로 잠시 딸아이는 주춤했지만 이내 다시 시도했다. 그 후에도 넘어지는 것은 여전했다. 그러나 몇 주 후 딸아이는 결국 걷게 되었다. 이제 누구도 딸아이가 넘어졌던 때를 기억을 하지 않는다. 지금 딸아이는 걷고 있기 때문이다. 걷기 위해서 넘어졌던 것이다. 그 이상, 그 이하도 아니다.

실패가 두렵다고 돌파를 미루지 말라. 실패 몇 번 했다고 인생이 끝난 것처럼 포기하지 말라. 오히려 실패를 통해 아파하고 아픈 만큼 성숙해지고 배우라. 그리고 다시 도전하라. 성숙해진 만큼 우리는 돌파에 한 걸음 더 다가선 것이다. 그만큼 하나님의 비전에 더 가까워진 것이다.

26. '오버'하면 역사가 일어난다

'오버한다'는 표현은 실제보다 더 과해 부담스럽게 행동하는 것을 이르는 말이다. 나는 오버하는 성향은 아니지만 그런 사람들을 보면 즐겁고 유쾌하다. 물론 지나칠 때는 거부감이 드는 것도 사실이다. 그렇다면 예수님은 오버하는 것을 기뻐하실까?

마태복음을 읽던 중 예수님의 산상설교를 읽게 되었다. 그런데 산상설교를 읽으면 읽을수록 한 가지 단어만 떠올랐다. '오버', 분명 예수님이 명하신 삶은 오버하는 삶이었다.

"나는 너희에게 이르노니 악한 자를 대적하지 말라 누구든지 네 오른편 뺨을 치거든 왼편도 돌려대며 또 너를 고발하여 속옷을 가지고자 하는 자에게 겉옷까지도 가지게 하며 또 누구든지 너로 억지로 오 리를 가게 하거든 그 사람과 십 리를 동행하고 네게 구하는 자에게 주며 네게 꾸고자 하는 자에게 거절하지 말라"마 5:39-42.

생각해보자. 오른쪽 뺨을 맞으면 단순히 아프기만 한 것이 아니다. 상대방이 오른손잡이라면, 손바닥이 아니라 손등으로 쳤을 가능성이 크다. 이는 상대방을 모욕하는 행위이다. 그로 인해 뺨을 맞은 사람은 육체적인 아픔과 정신적인 모욕을 함께 받는다.

인간의 본성은 누군가에게 상해를 당하면 그대로 되갚아 주려고 한다. 특히 다혈질인 사람들은 자기가 받은 것 이상으로 되갚으려고 한다. 분이 안 풀리기 때문이다. 이런 상황에서 참고 넘어가면 성자라고 할 수 있다. 그런데 예수님은 "왼뺨도 대라"고 말씀하셨다. 당신은 이 말씀에 어떤 생각이 드는가? 분명 오버이다.

이어서 살펴보자. 예수님은 "너를 고발하여 속옷을 가지고자 하는 자에게 겉옷까지도 가지게 하라"고 하셨다. 이스라엘 법에는 겉옷을 다른 사람에게 양도할 수 없다. 왜냐하면 광야의 밤은 너무 추워서 겉옷이 없으면 죽을 수도 있기 때문이다. 그래서 겉옷은 뺏어서도 안 되고 줘서도 안 되는 것이었다.

그런데 예수님은 겉옷을 주라고 하셨다. 속옷만 원했음에도 불구하고 겉옷까지 주라고 하셨다. 무슨 생각으로 겉옷까지 주라고 하셨을까? 그것은 생명을 걸고 주라는 의미였다. 정말 오버이다. 정상적으로 생각하면 속옷도 안 빼앗겨야 하는 것 아닌가? 그런데 그것도 주고 덤으로 더 주라는 말이다.

예수님의 오버 시리즈는 계속된다. 예수님은 "누구든지 억지로 5리를 가자고 하거든 그 사람과 10리를 동행하라"고 하셨다. 5리면 2킬로미터 정도되는 거리이다. 당시 로마의 군인에게는 일반인에게 5리 동행을 요구할 권리가 있었다. 그들은 짐을 옮긴다거나 길 안내를 부탁할 때 그 권리를 사용할 수 있었다. 그래서 예수님이 십자가를 지고 가실 때, 구레네 시몬에게 대신 지고 가라는 명령을 할 수 있었던 것이다. 그런데 때때로 로마 군인들은 이 권리를 사적인 일로 요구하곤 했다. 그러면 사람들은 부당한 요구에 분노할 수밖에 없었다.

그런데 예수님은 오히려 그 두 배인 10리를 동행하라고 명하셨다. 멀긴 하지만 가라면 갈 수도 있는 거리이다. 그러나 거리를 떠나 강제로 그 일을 해야 한다면 정말 기분이 상할 것이다. 마치 주차 단속에 걸려 5만 원을 내야 하는데 "경찰 아저씨, 수고 많으십니다. 저녁도 사 잡수세요" 하면서 10만 원을 내고 가는 상황이다. 누가 봐도 오버이다. 그런데 이것이 끝이 아니다.

"나는 너희에게 이르노니 너희 원수를 사랑하며 너희를 박해하는 자를 위하여 기도하라"마 5:44.

당시 "이웃을 사랑하라"는 말은 하나님의 법으로 받아들여졌다. 그러나 이스라엘 사람들은 사랑해야 할 이웃이 자기 민족에 국한된다고 생각했다. 그들은 이방인들 중에서 율법을 받아들이고, 할례를 받은 사람만 사랑의 대상에 포함시켰다. 당연히 원수는 사랑의 대상에 포함될 수 없었다. 오히려 원수는 미워해도 된다고 생각했다. 그런 배경에서 "네 원수를 사랑하라"는 예수님의 말씀은 충격적인 명령이었다. 게다가 "너희를 박해하는 자를 위하여 기도하라"가 덧붙여졌다. 목회하는 친구가 겪은 일이다. 어느 날 건물 주인이 찾아와 자기는 교회가 싫으니 당장 나가라고 했단다. 이런 황당한 경우가 어디 있는가? 만약 내가 친구의 입장이었다면 그 주인을 위해 기도할 수 있었을까?

직장생활을 하는 청년들에게 들어보면, 상사들 중 크리스천을 괜히 미워하고 딴지 거는 사람이 있다고 한다. 당신이라면 그들을 위해 기도할 수 있겠는가? 싫은 사람에게 화 안 내고 적당히 잘해 주는 것도 대단한 일 아닌가? 그런데 그들을 사랑하고 기도해 주라니 그것은 정말 오버이다.

예수님이 하신 말씀들을 잘 살펴보라. 이것은 분명히 오버하는 삶이다. 예수님은 사랑에 있어서는, 희생에 있어서는 우리가 생각하는 것보다, 상대방이 예상한 것보다 더 하라고 하신다. 더 잘해 주고, 더 잘 섬기라는 말이다.

왜 예수님은 제자들에게 이토록 오버하는 삶을 권하셨는가? 하나님의 말씀은 이유를 알지 못해도 일단 순종하면 복이 된다. 하나님은 우리를 사랑하신다. 그 누구도 사랑하는 사람에게 나쁜 것을 권하지 않는다. 하나님의 말씀에 아멘으로 순종하면, 당시에는 이해할 수 없을지라도 훗날 그 이유를 깨닫게 된다. 그럼에도 불구하고 이유를 알면 더 쉽게 순종할 수 있기에 그 이유를 한번 찾아보자.

먼저, 이 말씀을 듣는 대상이 누구인가? 예수님을 따르는 제자들이다. 이들이 이렇게 오버하며 순종할 때, 얻는 유익은 무엇인가?

"이같이 한즉 하늘에 계신 너희 아버지의 아들이 되리니"마 5:45.

"그러므로 하늘에 계신 너희 아버지의 온전하심과 같이 너희도 온전하라"마 5:48.

간단히 말하면 그들을 통해 하나님 아버지가 드러난다. 그들의 삶이 하나님의 아들의 모습이 되고, 그들의 삶을 통해 아버지의 온전하심이 드러난다. 예수님은 제자들의 삶을 통해 하나님이 드러나길 원하셨다.

생각해 보자. 사실 하나님만큼 오버하시는 분이 어디 계신가? 하나님을 떠난 인류, 사탄에게 순종한 인류를 위해 아들을 내어 주사 그들의 죗값을 치러 주신 분이 누구인가? 하나님 아버지시다. 이런 오버는 세상 어디에도 없다. 종만 되어도 감사할 텐데, 하나님은 지극히 오버하셔서 우리를 예수 안에서 자녀 삼아 주셨다. 하나님이 가지신 것을 잠깐 빌려만 주셔도 되는데 새 하늘과 새 예루살렘을 우리에게 예비해 주셨다. 적당히 살 만하게 고쳐 주시기만 해도 될 텐데 완전한 새 피조물로 우리를 다시 태어나게 해주셨다. 이게 오버가 아니고 뭔가? 그냥 행해주신 것도 아니다. 엄청난 대가를 치르면서까지 이 일을 하셨다.

예수님의 오버도 만만치 않다. 몸소 인간의 몸을 입고 오셔서 적당히 발만 씻겨 주셔도 황송한데, 십자가에서 우리의 죗값을 담당하시기 위해 죽으셨다. 누가 이런 일을 시킨다고 억지로 하겠는가? 그런데 예수님은 자원하여 하셨다. 이런 놀라운 오버가 어디 있는가? 하나님이나 예수님이나 정말 오버하셨다.

뿐만 아니라 성령님도 이에 동참하셨다. 죄와 사망으로 얼룩진 우리 곁에서 걸어 주시기만 해도 영광인데, 친히 우리 안에 계신다. 우리 심령에 오셔서 가르치시고 인도하신다. 그리고 그분의 영적인 선물을 아낌 없이 나누어 주신다.

삼위일체 하나님의 공통점이 무엇인가? 우리를 지극히 사랑하시는 것이다. 이렇게 오버하며 사랑해 주신 결과, 하나님께 목숨을 걸겠다고 하는 사람들이 이 땅에 등장하기 시작했다. 예수님의 오버하심을 따라서 오버하는 사람들이 등장하기 시작했다. 그리고 세상은 변화되기 시작했다.

하나님을 알지 못하는 곳에 복음을 들고 들어가, 그들의 구원을 위해 자신의 인생을 다 드리는 사람들이 등장하기 시작했다. 그리고 그 땅은 하나님의 역사로 변화되기 시작했다. 많은 이들이 말도 안되는 이유와 핑계로 그들을 핍박하고 내쫓으려 했지만, 묵묵히 오버하며 사랑하고 복음을 전하자 사람들이 변하기 시작했다. 하나님의 영광이 드러나기 시작했다.

사실 사람마다 이 이상은 불가능하다고 생각하는 선이 있다. 그러나 예수님은 거기서 한 발자국 더 나아가길 권하신다. 상대방에게 '뭐 이렇게까지'라는 말이 나오도록 사랑하길 원하신다. 복음의 역사는 '뭘 그렇게까지 해야겠어?'라고 생각한 사람들보다 "좀 더 해보자"라고 생각한 사람들에 의해 이루어졌다.

미국의 전도집회에서 큰 은혜를 받았다고 해서 굳이 먼 조선 땅까지 섬기러 올 필요가 있었을까? 그런데도 오버해서 조선 땅에 온 선교사들 덕분에 우리는 지금 복음의 부요함을 누리고 있다. 사도들이 굳이 '이방인에게까지 복음을 전할 필요가 있을까?'라고 생각했다면 전 세계에 복음이 꽃 피우지 못했을 것이다.

예수님께서 하나님의 비전을 이루시기 위해 우리에게 주신 전략은 하나님처럼 오버하는 삶이다. 우리가 오버할 때 세상이 놀라고 복음이 퍼지고 하나님이 영광 받으신다. 선한 영향력은 오버에서 시작된다. 오버는 쉽지 않다. 한계를 뛰어넘는 일이기 때문이다. 그럼에도 불구하고 오버하기로 결심하라. 그리고 주님께 그 능력을 구하라. 성령은 선한 일을 함에 있어 오버하게 만드는 영이시다. 선한 일로 인도하고 그에 합당한 능력을 주시는 영이시다.

나는 한국 교회가 진정한 '오버쟁이'들로 가득 차기를 꿈꾼다. 사랑의 오버, 헌신의 오버, 인내의 오버, 나눔의 오버 등 이 엄청난 '오버의 파도'가 모든 장애물을 넘어 하나님의 영광을 드러낼 것이라고 믿는다. 이 땅에 선한 영향력을 끼치는 삶을 살기 원하는가? 하나님의 영광을 보기 원하는가? 그렇다면 하나님의 방법대로 살라. 오버하라. 오버가 돌파의 전략이다.

27. 성장하는 만큼 돌파한다

나는 역사에 비범한 흔적을 남긴 사람들의 이야기를 좋아한다. 특히 기독교 역사 속에서 하나님을 탁월하게 섬긴 사람들의 이야기를 들으면 가슴이 뛴다. 나는 그들을 탁월하게 만드는 삶의 비결을 발견하고 싶었다. 나는 많은 사례들을 살펴보면서 한 가지 확신을 갖게 되었다. 탁월한 사람들은 한결같이 성장하는 사람들이었다.

대부분의 사람들은 자신의 실패를 정당화시키려 한다. 어쩔 수 없이 실패했다고 변명한다. 그러나 실패의 근원은 항상 우리 안에 있다. 실패의 이유는 무엇인가? 벽을 뛰어넘을 만큼 성장하지 못했기 때문이다. 그렇다면 반대로 이런저런 장애물을 극복한 사람들의 특징은 무엇인가? 그들은 장애물을 뛰어넘을 만큼 성장한 사람들이었다.

나는 딸을 키우면서 성장에 대해 다시금 배운다. 딸이 처음 걷기 시작했을 때, 집안에 있는 스위치를 마음대로 켜고 싶어 했다. 까치발을 해서라도 그것을 켜고 싶어했다. 그러나 불가능했다. 딸아이가 말만 할 수 있었다면 "형광등 스위치가 너무 높아요. 밟고 올라갈 만한 발판이 없어요"라고 푸념을 늘어놓았을 것이다. 그러나 딸아이는 말 대신 울음을 터뜨렸다.

어느 날이었다. 방에서 책을 보고 있는데 갑자기 불이 꺼졌다. 정전인 줄 알고 벌떡 일어나 스위치 쪽을 빠르게 쳐다보니 딸아이가 불을 끄고 의기양양하게 나를 바라보고 서 있었다. 아이는 씨익 한 번 웃더니 까치발을 들어 다시 불을 켜주었다. 나는 깜짝 놀랐다. 까치발을 들고도 손이 닿지 않아 징징대던 때가 있었는데, 어느새 자라 자연스럽게 스위치를 켰다 껐다 할 수 있게 되었으니 말이다.

그때 환경보다 중요한 것이 성장임을 깨달았다. 성장하면 가능하다. 우리의 삶도 마찬가지다. 하나님의 비전을 이루려는 사람은 어려운 상황, 힘든 조건을 극복하고 성장해야 한다. 그래서 하나님은 우리를 성장시키신다. 우리는 성장해야 하늘의 영광을 누릴 수 있다.

믿음의 조상 아브라함은 처음부터 탁월했는가? 아니다. 아브라함은 약속의 땅에 살다가 기근이 임하자 애굽으로 이주해

버렸다. 애굽으로 이주하면서 하나님의 약속도 기억 저 너머로 이주시켜 버렸다. 하나님은 "너를 축복하는 자는 나도 축복하고 너를 저주하는 자는 나도 저주하겠다"창12:3고 약속하셨지만, 아브라함은 그 약속을 기억 저 너머로 지워 버렸다. 아내를 탐내는 자들이 자신을 죽일까 봐 아내를 누이라고 속이고 다녔다. 그 일로 사라는 바로의 아내가 될 뻔했다. 아브라함의 처음 신앙의 깊이는 이런 수준이었다. 그는 다가오는 장애물에 다 넘어졌다. 과연 그를 통해 하나님의 비전이 이루어질 수 있을까 염려되는 수준이었다.

그러나 아브라함의 마지막도 그러했는가? 아니다. 하나님이 아브라함에게 100세에 낳은 아들을 바치라고 하셨을 때 예전의 아브라함 같았다면 "저는 못 드립니다. 하나님이 주셔놓고 왜 이제 와서 딴소리 하십니까?"라고 했을 것이다. 그러나 세월이 흐른 후 아브라함은 달라졌다.

아브라함은 아침 일찍 일어나 두 종과 그의 아들을 데리고 길을 떠났다. 그는 사흘 길을 가면서 온갖 생각이 들었지만 묵묵히 산으로 향했다. 산에 올라 아들 이삭을 번제로 드리기 위해 그를 결박하고 칼을 들었다. 그때 하나님이 아브라함을 막으셨다. 하나님의 시험을 통과한 것이다. 아브라함은 이 위대한 믿음의 업적으로 명예의 전당히 11장에 이름을 올리게 되었다.

"아브라함은 시험을 받을 때에 믿음으로 이삭을 드렸으니 그는 약속들을 받은 자로되 그 외아들을 드렸느니라 그에게 이미 말씀하시기를 네 자손이라 칭할 자는 이삭으로 말미암으리라 하셨으니 그가 하나님이 능히 이삭을 죽은 자 가운데서 다시 살리실 줄로 생각한지라 비유컨대 그를 죽은 자 가운데서 도로 받은 것이니라"히 11:17-19.

처음 신앙생활을 할 때 아브라함은 아무것도 아닌 것에도 쉽게 넘어졌었다. 그러나 인생의 말미에는 엄청난 시험도 넉넉히 감당했다. 믿음이 성장했기 때문이다. 처음에 그는 하나님을 기근조차 해결하지 못하는 분으로 생각했었다. 그러나 후에 아브라함은 하나님이 죽은 자도 살리시는 분임을 믿었다. 그렇게 더 큰 장애물에도, 더 큰 시험에도 불구하고 그는 어렵지 않게 뛰어넘어 믿음의 본이 되었다. 이는 그의 믿음이 자랐기 때문이다.

성도들이 가장 많이 가지는 새해 소망이 무엇인가? 매해 1, 2위는 성경일독과 새벽기도라고 한다. 그러나 한 해의 마지막에 가보면 두 부류로 나뉜다. 성경일독과 새벽기도에 성공한 소수의 부류와 여러 이유로 목표를 이루지 못한 부류이다. 실패한 사람들의 이야기를 들어보면 다 이해할 만하다.

"회사에서 퇴근하고 돌아오면 피곤해서 성경을 읽을 수가 없다."

맞는 이야기이다. 얼마나 피곤한가.

"새벽기도를 하면 회사에서 피곤해서 일을 못하겠다."

이것도 맞는 이야기이다. 남들보다 덜 자고 일찍 일어나는데 아무렇지도 않으면 그게 사람인가? 이외에도 "아침잠이 많다", "성경이 두꺼워서 못 읽겠다", "알람 시계가 없다" 등 뭐라 반응하기도 난감한 이유들이 쏟아진다.

그렇다면 성경을 일독하고 새벽마다 기도한 사람들은 어떤 어려움도 없었겠는가? 아니다. 그들도 똑같이 회사 다니고, 아침 일찍 일어나면 피곤하고, 아침잠 많은 사람들이다. 내 경험상 아침잠 없는 사람은 거의 없다. 그러나 무엇이든 이루어 내는 사람들은 그럼에도 불구하고 그 일을 감당해 낸다. 실패의 원인은 다른 데 있지 않다. 환경적 요인을 극복하지 못한 내적 연약함에서 비롯된다. 아직 영적으로 덜 성장했기 때문이다.

새벽에 나와서 기도하는 사람들은 피곤하지 않아서가 아니라 인생이 기도에 달려 있음을 알기 때문이다. 기도하지 않으면 세상을 이길 수 없기 때문이다. 하나님이 복을 주시지 않으면 아무것도 할 수 없음을 알기 때문이다. 세상 그 무엇보다 하나님을 사랑하기 때문이다. 여유가 있어서 나오는 사람은 정말 극

소수이다.

우리가 사는 시대를 '힐링 시대'라고 한다. 사람들은 위로받고 격려받기를 원한다. 내가 핑계를 댈 때 공감해 주고 위로해 주길 바란다. 그러나 위로해 준다고, 공감해 준다고 뭐가 달라지는가? 위로를 통해 새 힘을 얻고, 그것이 변화로 이어진다면 다행이겠지만, 위로를 통해 자신의 실패를 당연하게 생각하기 시작한다면 답이 없다. 또 다른 장애물이 다가왔을 때 주저앉아 버리는 현상만 계속될 것이다.

우리에게 진정으로 필요한 것은 위로가 아니라 성장이다. 실패했을 때 핑계 대는 사람은 절대로 성장할 수 없다. 핑계를 댈 때 따뜻한 위로를 받으면 잠시 위안은 되겠지만 그대로 안주하게 되면 위로 없이는 아무것도 할 수 없는 인생을 살게 될 것이다. 반면 성장하는 사람은 위로보다 축하를 받는다. 나는 우리가 위로가 아닌 축하를 받는 사람이 되길 바란다.

예수님이 십자가 상에서 마지막으로 하신 말씀이다.

"예수께서 신 포도주를 받으신 후에 이르시되 다 이루었다 하시고 머리를 숙이니 영혼이 떠나가시니라" 요 19:30.

예수님 말고 그 누가 삶의 마지막에 "다 이루었다"고 말할 수 있을까? 대부분 "아쉽다", "안타깝다"라고 말하지 않을까? 예수님이 이렇게 하실 수 있었던 이유는 온전하셨기 때문이다. 그러셨기에 사명을 방해하는 여러 장애물에도 불구하고 능히 그 모든 사명을 다 감당하실 수 있었다.

예수님처럼 탁월한 고백을 드린 사람이 한 명 더 있다. 바로 바울이다.

"전제와 같이 내가 벌써 부어지고 나의 떠날 시각이 가까웠도다 나는 선한 싸움을 싸우고 나의 달려갈 길을 마치고 믿음을 지켰으니 이제 후로는 나를 위하여 의의 면류관이 예비되었으므로 주 곧 의로우신 재판장이 그 날에 내게 주실 것이며 내게만 아니라 주의 나타나심을 사모하는 모든 자에게도니라"딤후 4:6-8.

바울 역시 달려갈 길을 마쳤다고 한다. 그는 세상에서 자신이 해야 할 일을 다 마쳤다. 이것이 중요하다. 이것이 사명이다. 그가 주님이 주신 사명을 다 마칠 수 있었던 이유는 선한 싸움을 싸우며 성장했기 때문이다. 그는 가만히 머물러 있지 않았다. 성장을 위해 분투했다. 그리고 성장을 위해 달려가는 자신의 삶을 통해 주님 안에 함께 성장할 것을 많은 사람들에게 권면했다.

"항상 복종하여 두렵고 떨림으로 너희 구원을 이루라"빌 2:12.

"내가 이미 얻었다 함도 아니요 온전히 이루었다 함도 아니라 오직 내가 그리스도 예수께 잡힌 바 된 그것을 잡으려고 달려가노라 형제들아 나는 아직 내가 잡은 줄로 여기지 아니하고 오직 한 일 즉 뒤에 있는 것은 잊어버리고 앞에 있는 것을 잡으려고 푯대를 향하여 그리스도 예수 안에서 하나님이 위에서 부르신 부름의 상을 위하여 달려가노라"빌 3:12-14.

세상이 막막하다고, 환경이 안 좋다고 불평할 수 있다. 그러나 불평으로 되는 일은 아무것도 없다. 불평할 시간에 성장을 위해 투자하고 준비하는 것이 더 지혜롭다. 그 누구도 처음부터 돌파할 수는 없다. 성장한 만큼 돌파할 수 있고, 성장한 만큼 사명에 가까워질 수 있다. 하나님의 꿈만큼 자라나라. 성장의 크기가 당신이 이룰 사명의 크기이다.

28. 모든 것이 은혜이다

성공한 사람들의 이야기 속에는 꿈과 노력이라는 단어가 자주 등장한다. 꿈을 갖고 열심히 노력해서 원하는 바를 성취했다는 내용이 주를 이룬다. 그러나 신앙 안에서 자신의 사명을 감당한 사람들은 꿈이나 노력을 이야기하지 않는다. 물론 그들도 노력했고 헌신했다. 그러나 그들은 '은혜'를 강조한다.

은혜는 받을 만한 가치가 없는 사람에게 베푸시는 하나님의 호의이다. 분에 넘치게 베푸시는 하나님의 사랑이다. 성경에 등장하는 믿음의 사람들을 보면 한결같이 하나님의 은혜 가운데 살았다. '아무리 생각해 봐도 나는 사랑받을 이유가 없다'라고 하는 사람에게 은혜가 임했다.

아 하나님의 은혜로 이 쓸데없는 자

왜 구속하여 주는 지 난 알 수 없도다

왜 내게 굳센 믿음과 또 복음 주셔서

내 맘이 항상 편한 지 난 알 수 없도다

왜 내게 성령 주셔서 내 마음 감동해

주 예수 믿게 하는 지 난 알 수 없도다

– 찬송가 '아 하나님의 은혜로' 중

이것이 하나님의 은혜이다. 찬송가 가사 그대로 '난 알 수 없도다'이다. 그러하기에 은혜를 입은 사람은 다른 일을 못한다. 그저 감사해서 찬송할 뿐이다. 헌신할 뿐이다.

하나님의 사명을 잘 감당한 사람들은 인생의 마지막에 모든 것이 은혜였다고 이야기한다. 그것이 맞다. 돌파의 순간에는 내가 무언가 많이 한 듯 느껴지기도 하지만, 돌아보면 다 하나님의 손길이 우리 가운데 있었다. 모든 것이 하나님의 은혜였다. 우리의 등 뒤에서 우리를 도우시는 주님 덕분이었다. 주님이 하셨다.

한 사람이 구원 받는 것도 전적인 하나님의 은혜이다. 바울은 이방인 성도들에게 "너희는 전에 허물과 죄로 죽었던 사람들이다. 뿐만 아니라 세상 풍조와 공중 권세 잡은 자를 따랐다. 육체의 욕심을 따라 지냈고, 육체와 마음의 원하는 것을 하여 본

질상 진노의 자녀였다"엡 2:1-3라고 말했다. 즉, 하나님으로부터 사랑받을 만한 요소가 하나도 없다고 말한 것이다. 그러나 여기서 끝나지 않는다. 그러면 복음이 아니다. 저주일 뿐이다. 바울은 다음 절에서 하나님의 은혜에 대해 말한다.

"긍휼이 풍성하신 하나님이 우리를 사랑하신 그 큰 사랑을 인하여 허물로 죽은 우리를 그리스도와 함께 살리셨고 (너희는 은혜로 구원을 받은 것이라) 또 함께 일으키사 그리스도 예수 안에서 함께 하늘에 앉히시니 이는 그리스도 예수 안에서 우리에게 자비하심으로써 그 은혜의 지극히 풍성함을 오는 여러 세대에 나타내려 하심이라"엡 2:4-7.

하나님이 왜 그분을 떠난 사람들을 찾아오셨는지, 왜 그들을 위해 독생자를 아낌없이 주셨는지, 그 이유를 우리에게서는 전혀 찾아낼 수 없다. 오직 그 이유는 하나님의 측량할 수 없는 사랑과 긍휼, 그것뿐이다. 은혜를 떠나서는 그 어느 것도 설명할 수 없다.

요한도 이에 대해서 다음과 같이 말한다.

"하나님의 사랑이 우리에게 이렇게 나타난 바 되었으니 하나님이 자기의 독생자를 세상에 보내심은 그로 말미암아 우리를 살리려 하심이라 사랑이 여기 있으니 우리가 하나님을 사랑한 것이 아니요 하나님이 우리를 사랑하사 우리 죄를 속하기 위하여 화목제물로 그 아들을 보내셨음이라" 요일 4:9-10.

한 사람이 택함을 받아 하나님의 일에 쓰임 받는 것도 하나님의 전적인 은혜이다. 아브라함이 어떻게 수많은 사람들 중에서 택함을 받아 믿음의 조상이 되었는가? 아무도 설명할 수 없다. 그는 믿음의 시험에서 수없이 휘청거렸지만, 하나님의 은혜는 그를 믿음의 조상으로 만들어냈다. 이것은 하나님의 주권에 속한 일이다. 하나님은 아브라함을 택하셨고, 그의 믿음을 자라게 하셨고, 그를 통해 믿음의 백성을 세우셨다.

하나님은 열두 형제들 가운데 왜 요셉에게만 꿈을 주셨는가? 그것도 알 수 없다. 요셉은 비밀스런 하나님의 계시를 아무렇지도 않게 발설하는 부주의한 사람이었다. 형들이 시샘하는 것도 모르고 형들을 따라다닌 눈치 없는 사람이었다. 사랑만 받아 연단을 잘 버텨낼 것 같지도 않은 사람이었다. 그러나 하나님의 은혜는 요셉을 택해 훈련시키고 끝내는 애굽의 총리로 세웠다. 그를 통해 믿음의 백성들은 엄청난 기근 속에서도 살아남을 수 있었다. 그 역시 하나님의 은혜를 고백할 뿐이었다.

"하나님이 큰 구원으로 당신들의 생명을 보존하고 당신들의 후손을 세상에 두시려고 나를 당신보다 먼저 보내셨나니 그런즉 나를 이리로 보낸 이는 당신들이 아니요 하나님이시라 하나님이 나를 바로에게 아버지로 삼으시고 그 온 집의 주로 삼으시며 애굽 온 땅의 통치자로 삼으셨나이다"창 45:7-8.

모세는 무슨 이유로 택함을 받아 이스라엘 백성들을 애굽으로부터 구원하는 일에 쓰임 받았는가? 알 수 없다. 한때 그는 인간적인 능력을 의지하는 혈기 있는 자였고, 하나님의 능력을 신뢰할 수 없을 정도로 소망을 잃어버린 자였다. 하지만 하나님께서는 그런 자를 택하셔서 애굽 왕과 대결하게 하셨다. 놀라운 열 가지 기적을 일으켜 이스라엘 백성들을 애굽에서 탈출시키고, 광야에서 그들을 인도하게 하셨다. 모두 하나님의 은혜였다.

다윗은 어떠한가? 그는 그의 집에서조차도 주목받지 못했다. 사무엘이 왕이 될 사람을 찾기 위해 그의 집에 갔을 때, 그는 밖에서 양이나 치고 있던 아이였다. 하나님은 그런 다윗에게 은혜를 베푸셨다. 골리앗과 싸워 이기게 하셨고, 사울의 잔인한 폭정에서도 살아남게 하셨다. 이에 그치지 않고 이스라엘의 모델이 될 만한 왕으로 세우셨다. 그는 죽음의 위협 속에서도, 감당할 수 없는 고난 속에서도 하나님의 은혜로 구원을 받았다. 그리고 그는 왕이 되었다.

하나님의 은혜가 아니고서는 어떻게 그들에게 일어난 일들을 설명할 수 있겠는가? 하나님의 은혜 없이 어떻게 그들이 돌파를 이루어 내고, 사명을 감당해낼 수 있었겠는가? 절대 불가능했다.

신약의 사도들을 보라. 제자로 부르심을 받았을 때 그들은 세상이 주목하지 않던 갈릴리 마을 출신이었다. 더군다나 예수님의 기적을 눈앞에서 봤으면서도 믿음이 연약했다. 그러나 결국 그들은 유대와 예루살렘과 사마리아와 이방 세계를 복음으로 정복했다. 예수님이 잡히실 때 무서워서 도망갔던 그들이 사탄을 벌벌 떨게 만드는 사람들이 되었다. 이것을 하나님의 은혜가 아니고서는 어떻게 설명할 수 있겠는가?

이방인의 사도였던 바울을 보자. 그는 예수님의 제자들을 잡아 가두는 것을 사명으로 여긴 사람이었다. 그런 그가 예수는 그리스도라고 전하는 사도가 되었다. 유대를 넘어 이방 세계까지 복음을 전하는 일에 탁월하게 쓰임 받았다. 하나님의 은혜라는 말 이외에 다른 어떤 것으로 이것을 설명할 수 있겠는가?

우리가 명심해야 할 사실이 하나 있다. 그것은 아무리 탁월한 사람이라도 하나님의 은혜 없이는 하나님 나라에 전혀 유익이 되지 못한다는 것이다. 반면 아무리 부족한 사람이라도 하나님의 은혜만 있다면, 하나님 나라에 엄청난 유익이 될 수 있다. 하나님의 은혜, 값없이 베푸시는 호의가 돌파의 생명이다. 하나님의 꿈을 꾸는 것도, 그 일을 위해 준비하는 것도, 하나님의 영광을 위해 돌파를 시작하는 것도, 하나님의 일을 이루는 것도 따지고 보면 다 하나님의 은혜이다. 모든 것은 하나님의 은혜 가운데 이루어진다.

하나님이 주신 꿈을 이루기 위해 최선을 다한 사람이라면 분명히 말할 수 있다. 모든 것이 하나님의 은혜라고…. 하나님의 은혜만이 모든 것을 가능하게 한다.

그렇다고 우리의 노력이 필요 없다는 이야기는 아니다. 은혜만 있으면 아무것도 안 해도 된다는 이야기는 아니다. 하나님을 위해 최선을 다해 살아가는 것은 마땅한 의무이다. 하나님의 은혜를 구하며 나아가라. 은혜가 없는 삶은 너무나도 무력하다. 그러나 하나님의 은혜가 임하는 삶은 말할 수 없이 부요하다. 그 은혜가 언제 어떻게 누구에게 임하는지 다 알 수는 없다. 솔직하게 고백하건데, 그것은 분명히 하나님만이 하시는 일이다.

세상이 어렵다고 한다. 먹고살기 힘들다고 한다. 하나님의 꿈이나 비전을 이야기하는 것은 불가능한 시대라고 한다. 그러나 중요한 것은 세상의 형편도, 우리의 형편도 아니다. 하나님의 뜻이 가장 중요하다.

하나님은 어제나 오늘이나 동일하시다. 그분은 지금도 이 세상을 다스리신다. 또한 우리에게 은혜로 꿈꾸게 하신다. 타협할 수도, 포기할 수도 없게 만드는 하나님의 꿈을 주의 이름을 부르는 자에게 아낌없이 베풀어 주신다.

지금은 세상에 썩어질 일들을 인생 목표로 삼고 사는 것을 멈출 때이다. 세상을 구원하시는 하나님의 꿈과 비전을 품어야 할 때이다. 뜨거움과 간절함으로 세상과 맞붙어야 할 때이다. 어두운 권세의 방해 속에서도 하나님의 사명을 이루기까지 돌파하기를 결단해야 할 때이다.

하나님을 찾아라. 하나님의 편에 서라. 화려한 경력이 없을지라도 하나님이 우리 안에 계시고 그분이 주신 꿈이 있다면, 이제부터 걸을 길은 그 누구와도 비교할 수 없는 스펙이 되고 스토리가 될 것이다. 자신을 뒷받침해줄 사람도 없고 환경도 어려운가? 오직 하나님만 의지하라. 하나님의 은혜가 아무 자격 없는 사람을 어떻게 들어 사용하시는지 기대하라.

무엇보다 하나님의 은혜를 간구하라. 그것이 인생을 돌파할 수 있는 비결이다. 하나님이 베푸실 은혜를 믿고 돌파하며 나아가자. 그대는 선포하며 나아가라.

"하나님이 하신다!"

이것이 돌파를 시작하는 자가 품어야 할 믿음이고, 돌파하는 자가 붙들어야 할 고백이고, 돌파한 자가 해야 할 간증이다. 하나님이 하셨다. 하나님이 하신다. 하나님이 하실 것이다. 이 은혜의 믿음만을 붙들고 돌파하며 하나님의 비전을 성취하자.

"이는 만물이 주에게서 나오고 주로 말미암고 주에게로 돌아감이라 그에게 영광이 세세에 있을지어다 아멘"롬 11:36.

청년아, 부딪쳐야 열린다

초판인쇄 • 2014년 4월 30일
3쇄발행 • 2017년 3월 10일

지은이 • 정승환
발행인 • 임용수
대표 • 조애신
책임편집 • 설지원
편집 • 이소정
디자인 • 임은미
마케팅 • 전필영
온라인마케팅 • 고태석
경영지원 • 김정희, 조창성

발행처 • 도서출판 토기장이
주소 • 서울시 마포구 망원로 26 토기장이 B/D 3F
출판등록 • 1990년 10월 11일 제2-18호
대표전화 • (02) 3143-0400
팩스 • (02) 3143-0646
E-mail • tletter@hanmail.net
www.facebook.com/togijangibook

ⓒ 정승환 2017

- 이 책은 저작권법에 의해 보호를 받는 저작물이므로
  무단 전재와 무단 복제를 금합니다.
- 잘못된 책은 교환하여 드립니다.

ISBN 978-89-7782-313-6

값 11,000원

"우리는 진흙이요 주는 토기장이시니
 우리는 다 주의 손으로 지으신 것이라"
                    (이사야 64:8)

국립중앙도서관 출판시도서목록(CIP)

청년아, 부딪쳐야 열린다 / 지은이: 정승환. ― 서울 : 토기
장이, 2014
  p. ;   cm

ISBN 978-89-7782-313-6 03230 : ₩11000

기독교 신앙 생활[基督敎信仰生活]

234.8-KDC5
248.4-DDC21   CIP2014012860